AF297080

X

MANUEL

DE

L'ENSEIGNEMENT PRIMAIRE ÉLÉMENTAIRE.

—

COURS

D'ORTHOGRAPHE ET D'ORTHOLOGIE.

LYON. — IMPRIMERIE DE FR. GUYOT,
grande rue Mercière, n° 39.

GRAMMAIRE ANALYTIQUE

OU

COURS

D'ORTHOGRAPHE ET D'ORTHOLOGIE

EN 20 LEÇONS CHAQUE,

CONTENANT

La collection des règles tirées de nos meilleurs grammairiens, sur un plan méthodique et gradué, mis à la portée de la jeunesse, formant quatre parties : l'analyse grammaticale, les principes d'orthographe, l'analyse logique et les principes d'orthologie, suivies des homonymes et des barbarismes concordans avec les leçons de cet ouvrage.

PAR A.-F. PITIOT.

LYON,

CHEZ FR. GUYOT, IMPRIMEUR-LIBRAIRE,

Grande rue Mercière, n° 39,

AUX TROIS VERTUS THÉOLOGALES.

1835.

PRÉFACE.

On croit assez communément que les jeunes
gens destinés à franchir les bornes de l'instruction primaire trouvent dans l'étude du latin les
principes de leur langue naturelle. Cette pré-
tention est mal fondée : non-seulement la langue
française exige une étude particulière , mais
cette étude doit même précéder celle des langues mortes ou vivantes. Les principes géné-
raux étant les mêmes pour toutes , sont plus
aisés à concevoir dans notre langue, et l'application en est plus facile dans les langues étrangères.

Avec la nécessité de commencer l'éducation
suivant ces principes, je sentais aussi celle
d'indiquer pour tous les élèves une marche pro-
gressive et proportionnée à la faiblesse de leur
intelligence. C'est ce que j'ai osé entreprendre
dans ma première édition. J'ai bien plus con-
sulté en cela son utilité que mes talens ; mais
le désir d'être utile m'a encouragé , et les succès
que j'ai obtenus sont le prix le plus glorieux

que je puisse attendre pour de si faibles opuscules.

Plusieurs habiles grammairiens ont traité avant moi de la théorie pratique de cette science, et ont publié des ouvrages très-utiles à la jeunesse:

> Mais ce champ ne se peut tellement moissonner
> Que les derniers venus n'y trouvent à glaner.
>
> LA FONTAINE.

Mes devanciers ont laissé le champ libre aux étudians; ils n'ont donné aucune borne à l'étude des préceptes qui, selon moi, doivent être gradués et progressifs; c'est ce qui est constamment l'objet de mes soins dans l'enseignement et c'est ce qui m'a déterminé à publier ce plan d'instruction.

Les qualités qui distiguent cette Édition consistent, 1° dans l'avantage que l'on a d'enseigner cette science sans la connaître, en se procurant le *Guide des Professeurs* (ouvrage qui paraîtra incessamment); 2° dans la distribution des matières; 3° dans les leçons méthodiques présentant aux élèves le court espace qu'ils doivent franchir pour arriver d'un point à un autre sans être assujettis à un travail pénible ; 4° dans l'application des principes que les élèves sont obligés de faire aux thêmes cacographiques immédiatement après les avoir expliqués, et c'est ce que j'ose appeler une nouveauté grammaticale.

La plupart des préceptes sont tirés de nos meilleurs grammairiens ; je me suis cependant permis quelques changemens ; mais j'en ai fait connaître les motifs avec toute la clarté qu'il m'a été possible d'apporter.

Quoique j'aie fait tous mes efforts pour rendre cet Ouvrage complet, je ne me dissimule ni la faiblesse de mes talens, ni les imperfections dont cette nouvelle Édition ne sera sans doute pas exempte ; je n'ai point la prévention de la croire à l'abri de la censure, c'est un tribut que je paierai avec d'autant plus de plaisir que si quelques critiques d'aignent m'honorer de leurs judicieuses observations, je les ferai tourner au profit de mon Ouvrage, convaincu d'avance que mon opinion ne doit point résister à la volonté des juges éclairés.

AVERTISSEMENT.

La Grammaire est une des sciences les plus
difficiles , cependant nous avons trouvé le moyen
de la faire enseigner par des personnes qui ne la
connaissent pas ; ce n'est point un paradoxe, en
mettant sous les yeux d'un professeur quelconque
l'analyse des thêmes de chaque leçon ; les ques-
tions du professeur et les réponses que l'élève
doit faire , il est clair que les leçons peuvent être
données avec autant de fruit que par un professeur
habile qui voudrait faire des dissertations trop
méthaphysiques pour les élèves. Une heure suffi-
sant pour l'analyse grammaticale ou logique et
pour le corrigé des thêmes (demi heure pour
l'analyse et demi heure pour les principes),
il reste même assez de temps pour répéter à
chaque leçon les homonymes et les barbarismes,
les élèves font un cours d'orthographe ou d'orthologie pour chaque semaine. Cette marche
infaillible , facilite la conception , soulage la
mémoire et produit de très-heureux résultats.

COURS D'ORTHOLOGIE.

PREMIÈRE PARTIE.

DES DIFFÉRENTES PARTIES DU DISCOURS CONSIDÉRÉES LOGIQUEMENT.

PREMIÈRE LEÇON.

DU DISCOURS ET DE LA PÉRIODE.

Le discours est un exposé de nos idées développées ou par le moyen de la voix ou par celui de l'écriture. Discours, harangue, oraison ont à peu près la même signification ; cependant le mot de discours est plus général, plus étendu, et s'applique à tout ce que l'esprit peut embrasser, à toutes les matières que l'on veut traiter (1) : ainsi les exposés sur les arts, sur les sciences, ceux faits à la tribune, à l'académie, par nos députés et par nos académiciens, sont des discours qui peuvent avoir un appareil plus ou moins brillans. Mais la harangue, qui a la même forme, n'a pas le même fond : elle s'attache au cœur ;

____

(1) Les différentes formes du discours, les qualités et les différentes figures qui le composent, sont du ressort de la rhétorique qui est l'objet de la première classe.

elle a pour objet l'exhortation, le désir d'une exécution ; elle n'est guère que dans la bouche d'un supérieur, d'un général, d'un commandant qui s'adresse à ses soldats. L'oraison est encore plus restreinte ; elle ne se dit guère qu'en parlant à la louange des morts.

Une période est une partie du discours, qui renferme un sens complet. Le discours est presque toujours composé de plusieurs périodes ; mais la période peut être simple ou composée : simple, si le sens n'est point interrompu jusqu'à la fin ; composée, s'il y a interruption avant d'être au bout de la période.

Si le discours a moins de cinq périodes, il prend le nom d'allocution dont nous parlerons dans la leçon subséquente.

Une période ne doit avoir ni moins de deux membres, c'est-à-dire moins de deux interruptions, ni plus de quatre. Si elle a moins de deux membres, elle prend le nom de proposition, dont nous parlerons plus loin ; si elle en a plus de quatre, ou l'appelle discours périodique.

EXERCICE.

Le mouvement des corps est assujetti à certaines lois ; il y a une relation constante entre le mouvement et les effets qui en résultent : le principe du mouvement, le principe moteur est donc une intelligence.

Outre les corps inanimés, il y a des êtres vivans.

La matière, inerte en elle-même, ne peut être un principe de vie ; il faut donc que les corps animés aient reçu la vie d'une cause qui n'est pas la matière.

Les êtres animés ont des sensations ; cependant il n'y a aucune liaison nécessaire entre les qualités de la matière et les sensations. Mais cette liaison existe : donc elle est l'ouvrage d'une volonté libre qui a présidé à la formation des organes des sens.

Parmi les êtres animés, il en est qui pensent : ce sont les hommes. Et la pensée ne peut être ici ni une opération ni une qualité de la matière. Je pense, donc je suis ; or, il n'y a point d'effet sans cause, donc un être pensant ne peut être l'ouvrage que d'une Intelligence suprême, qui est Dieu.

L'idée de mon être est étroitement liée à celle de Dieu.

Qui m'a donné l'existence ? Mon père et ma mère, dites-vous ; mais eux-mêmes à qui la doivent-ils ? A leurs parens. Or, en remontant ainsi, nous arriverons nécessairement au premier homme, et par conséquent à celui qui l'a créé, au Créateur suprême, à l'Etre incréé, éternel, qui a précédé toutes choses, et en qui toutes choses ont leur origine.

IIᵉ LEÇON.

DE LA PROPOSITION.

La proposition est la réunion de plusieurs mots qui servent à énoncer un jugement, une idée quelconque, comme quand on dit : *Dieu est juste.* J'énonce un jugement en affirmant que la qualité de juste convient à Dieu.

La proposition diffère de la phrase, en ce que celle-ci s'attache à la forme, c'est-à-dire, qu'elle dépend de la construction, tandis que la proposition s'attache au fond et dépend de l'idée, de la pensée ; de sorte qu'il peut y avoir plusieurs phrases pour exprimer une seule idée qui ne forme qu'une proposition ; par exemple, si je dis : *L'Egypte rend hommage à des bœufs mugissans*, et, *à des bœufs mugissans l'Egypte rend hommage*, il y a deux phrases, et cependant il n'y a qu'une proposition, parce qu'il n'y a qu'une seule idée énoncée.

Une proposition renferme toujours trois parties essentielles, *le sujet, la copule et l'attribut*. Le sujet, comme on l'a vu dans la première partie, est l'idée principale d'une action ou d'une affirmation exprimée avec le verbe être. La copule, ou le verbe, est le lien qui unit le sujet à l'attribut, et l'attribut est l'idée accessoire, l'idée d'attribution dépendante du sujet qu'il qualifie. Le verbe unique qui lie ces deux parties intégrantes, c'est le verbe être ; mais il ne se présente pas toujours sous sa forme simple : il faut souvent décomposer les autres verbes dans lesquels il se trouve, car on dit bien *je suis sage*, phrase où l'on trouve un sujet, *je*; une copule, *suis*; et un attribut, *sage*; mais il n'est pas si aisé de découvrir le verbe *être* dans cette proposition, *je chante*. Il ne faut que se souvenir qu'on doit mettre le verbe dont il est question au participe présent, et le verbe *être* au même temps que le verbe dont il s'agit : ainsi, *je sors* équivaut à *je suis sortant*, où l'on voit les trois parties ; *chantons* se décompose en *nous, soyons chantans*; *va* équivaut à *toi, sois allant*.

<h2 style="text-align:center">EXERCICE.</h2>

L'homme est naturellement religieux : il est dans sa nature et dans sa raison de croire en Dieu, arbitre suprême de toutes choses. Au milieu des formes bizarres dont tant de peuples ont enveloppé et enveloppent encore leur culte, cette sublime croyance se manifeste toujours.

Dieu ne s'est pas contenté de nous donner la vie spirituelle par le baptême, il nous a procuré un moyen pour la recouvrer, après l'avoir perdue.

IIIe LEÇON.

DE L'ALLOCUTION ET DES MEMBRES DE PÉRIODES.

Nous avons dit que lorsque le discours renferme moins de cinq périodes, il prend le nom d'*allocution* : il sera aisé dès-lors de caractériser un exposé; mais il faut remarquer qu'une *allocution* n'a pas les subdivisions d'un discours : elle s'emploie presque toujours dans le sens d'une harangue, d'une instruction. On ne dirait pas : Ce député a fait une allocution à la chambre ; mais on pourrait dire : Le sermon de ce prêtre est une allocution évangélique.

Un membre de période est une partie de la période qui renferme un sens complet, qui marque un repos, mais qui cependant ne définit pas entièrement le sens, et laisse quelque éclaircissement à désirer, parce qu'alors ce serait une période proprement dite. Si l'on dit : *Dieu est bon, nous devons avoir confiance en lui*, ces mots *Dieu est bon* forment un sens complet, c'est un membre. Mais quoique le sens soit complet, on attend une définition plus précise, qui soit le complément de la période, et la voilà : *Nous devons avoir confiance en lui.*

EXERCICE.

L'homme trouve en Dieu un créateur qui l'a tiré du néant, un père qui fournit à ses besoins, un consolateur qui adoucit ses peines, un bienfaiteur qui le comble de biens, un protecteur qui menace des plus terribles châtimens ceux qui voudraient attenter à sa vie, à son honneur et à ses biens, un rémunérateur qui prépare des récompenses à sa vertu.

N'est-ce pas une preuve irrécusable des sentimens de l'existence de Dieu, que ce besoin et ce
penchant irrésistible, qui nous porte à invoquer
dans le malheur, et à appeler à notre secours un
être bon, juste et fort, arbitre souverain de nos
destinées, capable de nous préserver des revers
qui nous menacent, ou de nous donner la force
de les supporter?

IVe LEÇON.

DES DIFFÉRENTES SORTES DE PROPOSITIONS PRINCIPALES ET INCIDENTES.

La proposition est ou principale ou incidente.

La proposition principale est celle qui énonce
une idée sans restriction et qui peut commencer
un discours. Il y en a deux sortes : la proposition
principale absolue, qui ne dépend d'aucune autre ; exemple : *Les savans devraient surpasser les autres hommes en sagesse* ; la proposition principale
relative, qui a les mêmes qualités que la proposition absolue, mais qui est relative à une autre
proposition ; exemple : *L'ame du sage est toujours constante* ; ELLE LUTTE AVEC COURAGE CONTRE LE
MALHEUR. La dernière proposition est principale
relative, ayant un sens formé, mais dépendant de
la proposition principale absolue.

La proposition incidente est celle qui modifie
la proposition principale, en la déterminant ;
elle est toujours précédée d'une conjonction ou
d'un pronom sujet, excepté *et*, *ni*, *ou* ; mais qui
peuvent précéder la proposition principale relative. Il y en a de deux sortes : l'incidente déterminative, qui ne peut se supprimer sans altérer le
sens de l'autre, et l'incidente expositive, qui peut

être supprimée sans que le sens de la première soit altéré ; exemple du premier cas : *Les enfans* QUI ÉTUDIENT *deviendront savans ; qui étudient* est la proposition incidente déterminative, qui ne peut pas se supprimer. La proposition principale, qui resterait, *les enfans deviendront savans,* serait fausse en soi, car les enfans ne deviendront pas savans, s'il n'y a que ceux qui étudient ; exemple du 2ᶜ cas : *Dieu* QUI EST JUSTE *récompensera les bons*; ici, *qui est juste* peut aisément être supprimé sans altérer le sens de l'autre proposition; car on peut bien dire *Dieu récompensera les bons* : donc la proposition incidente est expositive.

EXERCICE.

Les passions qui font le plus de ravage sont l'ambition et l'avarice. Celles qui sont les maladies de l'ame viennent de notre révolte contre la raison.

L'homme injuste qui croit plaire à Dieu par des actes d'iniquité, que lui inspire son ame perverse, s'attire au contraire sa malédiction.

La charité qui vient de l'amour du prochain , a un éclat immortel.

Les savans qui sont plus instruits que le commun des hommes devraient aussi les surpasser en sagesse.

Vᶜ LEÇON.

DES PROPOSITIONS AFFIRMATIVES ET NÉGATIVES, EXPOSITIVES, IMPÉRATIVES, INTERROGATIVES ET EXCLAMATIVES.

1° La proposition affirmative est celle qui marque l'affirmation ; exemple : *La crainte de Dieu est le commencement de la sagesse* ; ici j'affirme bien positivement l'idée que j'ai de la crainte de Dieu en disant qu'elle est le commencement de la sagesse.

2° La proposition est négative quand elle sert à nier l'idée qui s'attache au sujet ; exemple : *Les méchans ne seront pas récompensés* ; ici je déclare que l'idée, l'attribution qui s'attache au sujet *méchan*. ne lui convient pas ; donc je nie.

Elle est expositive, impérative, interrogative ou exclamative. Expositive, si l'on affirme simplement un jugement sans restriction : *Les homme. vertueux sont en paix avec leurs consciences.* On voit par là qu'elle peut être tout à la fois affirmative et expositive. Elle est impérative quand elle exprime un commandement, ou la défense de faire quelque chose ; exemple : *Mon fils, donne ta confiance aux actions des hommes, ne l'accorde pas à leurs discours.*

Elle est interrogative lorsqu'elle présente un doute, une question ; exemple : *Que faites-vous là ? Comment pouvez-vous perdre ainsi votre temps ?*

Enfin elle est exclamative quand elle exprime un sentiment d'admiration ou de surprise ; exemple : *Que les enfans studieux sont admirables !*

EXERCICE.

Le prix glorieux d'une bonne action est un trésor qui ne nous quitte jamais.

Ne fréquentons pas les méchans, ne fuyons pas les hommes vertueux ; notre conduite deviendrait suspecte aux yeux de quelques personnes.

Je n'aime ni les paresseux, ni les étourdis.

Comment voulez-vous devenir savant si vous n'étudiez pas ?

Le renard dit au corbeau : Que vous êtes joli, que vous me semblez beau !

VIe LEÇON.

DE LA PROPOSITION EXPLICITE, IMPLICITE, COMPLÈTE, INCOMPLÈTE, DIRECTE ET INDIRECTE.

La proposition est explicite, lorsque tous les membres nécessaires à l'énonciation du sens qu'elle présente y sont explicitement et séparément énoncés ; comme : *La terre tourne autour du soleil.* Il y a dans cette proposition un sujet, *la terre;* une copule, *est* ; un attribut, *tournante*, suivi d'un complément déterminatif, *autour du soleil.* La proposition est implicite, lorsque tous les membres qui la composent y sont énoncés, non séparément, mais implicitement ; c'est-à-dire, lorsqu'un des mots dont elle est composée annonce, par sa forme, qu'il comprend en lui plus d'un membre ; ainsi, *mourons*, est une proposition implicite, parce qu'elle comprend en un seul mot le *sujet*, l'*attribut*, et le verbe être. C'est comme si l'on disait: *nous, soyons mourans.* La proposition est complète ou pleine, lorsque tous les membres y sont énoncés soit explicitement, soit implicitement, de sorte qu'on n'ait besoin d'en établir aucun pour faire l'analyse ; exemple : *Le cœur trompe souvent l'esprit.* La proposition est incomplète ou elliptique, lorsqu'un des principaux membres, le sujet ou l'attribut ne se trouve pas explicitement énoncé, et qu'on est obligé de le rétablir pour faire l'analyse; exemple : *Qui a fait cela? mon frère.* Cette phrase présente deux phrases elliptiques. Dans l'interrogation, il faut suppléer l'attribut et le sujet pour rendre la phrase pleine et complète ; et dire: *Quel est celui qui a fait cela?* la proposition principale est supprimée tout entière par l'ellipse ; mais l'incidente, *qui a fait cela*, annonce suffisamment qu'un sujet, *mon frère*, supplée *a fait cela* ou *c'est mon frère qui*, ou *mon frère est celui qui a fait cela*.

La construction est directe, lorsque tous les mots de la phrase sont disposés selon l'ordre de subordination ou de succession qu'ils doivent avoir entre eux. On énonce d'abord le sujet, ensuite le verbe, puis le complément et enfin les modificatifs, qui marquent le temps, le lieu, la cause et les autres circonstances de l'action que le verbe exprime ; exemple : *Condé vainquit Merci à Nordlingen en* 1646. Voilà l'ordre direct : 1° le sujet qui fait l'action, *Condé* ; 2° le verbe qui exprime l'action faite par le sujet, *vainquit ;* 3° l'objet sur lequel tombe l'action, *Merci ;* 4° les circonstances de lieu et de temps, *à Nordlingen en* 1646. Quand l'ordre de subordination est interrompu, la construction est indirecte ou inverse ; exemple :

> Loin de la cour alors, en cette grotte obscure,
> De ma religion je vins pleurer l'injure.

Il faudrait dire, dans l'ordre naturel : *Je vins alors pleurer l'injure de ma religion, loin de la cour, dans cette grotte obscure.*

EXERCICE.

> Les amis de l'heure présente
> Sont du naturel du melon :
> Essayez-en au moins cinquante,
> Pour en rencontrer un de bon.

L'amitié est un sentiment plus estimable que l'amour.

A ses devoirs toujours un honnête homme pense.
Chassez le naturel, il revient au galop.

VIIᵉ LEÇON.

DES PROPOSITIONS DONT LES SUJETS ET LES ATTRIBUTS SONT SIMPLES ET COMPOSÉS.

Les sujets des propositions sont simples , 1° lorsque les sujets sur lesquels tombe l'affirmation sont représentés par une idée unique , par un seul mot même , quand ce mot représente une idée de pluralité ; 2° lorsque l'attribut ne marque qu'une seule manière d'être du sujet qu'il modifie , comme dans cette phrase : *La charité est une vertu* ; ici le sujet est simple, étant représenté par une idée unique, qui est *charité* ; et l'attribut est simple , parce qu'il ne renferme qu'une manière d'être, qui est *vertu*. Les sujets sont composés quand ils sont représentés par plusieurs substantifs qui offrent à l'esprit des idées différentes , comme dans cette phrase : *L'exercice et la diète sont utiles à la santé*. Le sujet est composé parce qu'il comprend deux substantifs qui peuvent convenir séparément au même attribut.

L'attribut est composé quand il exprime plusieurs manières d'être du sujet ; ainsi, quand on dit : Dieu est juste et bon, l'attribut total est composé, parce qu'il comprend deux manières d'être du sujet Dieu , auquel on attribue la justice et la bonté.

REMARQUE. Lorsqu'une proposition a un sujet et un attribut composé, on peut faire autant de propositions qu'il y a de sujets et d'attributs ; c'est-à-dire d'idées exprimées et de manières d'être ; car on peut faire deux propositions de la première , en disant : *L'exercice est utile , et la diète est utile*. De même on peut dire : *Dieu est juste, Dieu est bon*.

EXERCICE.

L'étude rend savant, et la religion rend sage.

Les vertus et les talens rendent l'homme estimable.

La bonté et la douceur font le charme de la vie.

Personne n'a jamais cueilli le bonheur ni le plaisir sur l'arbre de l'injustice.

Un magistrat qui est juste et pacifique, est toujours aimé par ses administrés.

VIIIᵉ LEÇON.

DES PROPOSITIONS DONT LE SUJET ET L'ATTRIBUT SONT COMPLEXES ET INCOMPLEXES.

Le sujet d'une proposition est incomplexe par un substantif, ou pronom, ou un infinitif, qui sont les seuls mots présentant à l'esprit un sujet déterminé, exemple : *Dieu voit tout* : ici le sujet *Dieu* est sans modificatif, et incomplexe.

Lorsque le sujet est un nom précédé de son article, il est encore incomplexe ; un seul le rend complexe, c'est l'article pronominal *mon*, *ton*, *son*, qui le modifie par une idée de possession et qui renferme un complément : *mon père* est mis pour *le père de moi* ; et *moi* est le complément indirect de *père*.

Le sujet est complexe quand il est accompagné de quelque modificatif, tels sont les sujets des propositions suivantes : *Une mauvaise conscience n'est jamais tranquille. Notre premier juge est au fond de nos cœurs. Les maux que nous plaignons adoucissent les nôtres. La société des méchans est très-funeste. Servir Dieu est le premier de nos devoirs.*

Dans toutes ces propositions, le sujet est modifié; conséquemment, il est complexe; ainsi dans le premier exemple, le sujet *conscience* est modifié par l'adjectif *mauvaise*; dans le second, *juge* est modifié par l'adjectif *premier* et par le complément *de nous, dans notre*; dans le troisième, *maux* est modifié par la phrase *que nous plaignons*; dans le quatrième, *société* est modifié par le complément indirect *méchans*; enfin, dans le cinquième, *servir* est modifié par le complément *Dieu*.

De ce qui précède il résulte que le sujet d'une proposition peut être modifié, 1° ou par un adjectif proprement dit, comme dans la phrase : *une mauvaise conscience n'est jamais tranquille*; l'adjectif *mauvaise* est le modificatif du sujet *conscience*;

2° Ou par un complément direct, comme dans *servir Dieu*, où le substantif *Dieu* est le complément direct du sujet *servir*;

3° Ou par un complément indirect, comme on le voit dans la phrase *la société des méchans*, où le substantif *méchans* est le complément indirect de *société*.

4° Enfin le sujet peut être modifié par une autre proposition; ainsi dans la phrase *les maux que nous souffrons*, le sujet *maux* est modifié par la proposition *que nous souffrons*, qui distingue nos maux de tous les maux en général.

EXERCICE.

L'homme qui croit être vertueux par des actes d'apparence, auxquels son perfide cœur n'a point de part, se prépare une juste punition.

> Pensez-y donc, ames grossières;
> Commencez par régler vos mœurs :
> Moins de faste dans vos prières,
> Plus d'innocence dans vos cœurs.

IXᵉ LEÇON.

DES LICENCES PERMISES DANS LE DISCOURS ET QUE L'ON NOMME FIGURES.

On appelle licences certaines constructions où l'on transgresse les règles grammaticales : on use de ces licences en employant *la métophore*, *le gallicisme*, *l'ellipse régulière*, *le pléonasme autorisé*, *la syllepse et l'inversion*.

1° La *métaphore* est une construction figurée dont on se sert pour faire image, comme *noircir la réputation de quelqu'un*. Le verbe *noircir* donne ici l'idée d'une couleur qui ne peut frapper les sens, mais qui fait impression sur l'esprit.

2° Le *gallicisme* est une construction particulière où l'euphonie a prévalu sur la grammaire ; l'analogie a fait donner le nom de *gillicisme* à celle de notre langue, du nom de Gaule, d'*hellénisme* pour le grec, de *latinisme* pour le latin, d'*anglicisme* pour l'anglais, de *germanisme* pour l'allemand.

Chacun a son opinion ; nous venons de partir ; il va arriver, sont des gallicismes. Dans la première phrase, c'est l'euphonie qui force la grammaire à sacrifier la concordance ; car le principe voudrait *sa opinion* : dans les deux autres phrases, ce sont des mots dont la réunion est consacrée par l'usage, par l'habitude de leur emploi, plutôt que par rapport à un sens naturel qui rejetterait cette construction.

3° La *syllepse* est une construction dans laquelle on emploie un mot dans un autre sens que celui qui lui est propre. La concordance est encore transgressée dans cette figure, mais par une autre raison que dans le *gallicisme* ; ici c'est parce que l'esprit, la pensée prévaut sur la concordance. En effet quand on dit : *Il est six heures. Charmant objet, vous n'êtes point tombée en de barbares mains.* Il est clair que quand ou prononce *il* on ne songe pas à la concordance qui voudrait *elle*, et quand on écrit *tombée* pour représenter l'objet qui occupe l'esprit, on oublie qu'on parle d'un masculin qui est *charmant objet.*

4° L'*ellipse* est une figure qui consiste à supprimer un ou plusieurs mots pour donner plus de vivacité, plus d'énergie à la phrase, sans rien ôter à sa clarté ; mais elle exige beaucoup de réserve. Exemple : *Celui qui rend un service doit l'oublier ; et celui qui le reçoit, s'en souvenir.*

5ª Le *pléonasme autorisé* est le contraire de l'ellipse. Dans cette figure on ajoute des mots superflus, qui pourraient être retranchés, sans altérer le sens ; mais ils donnent plus de force et d'énergie à la phrase. Exemple : *Je l'ai vu de mes yeux. Je l'ai entendu de mes propres oreilles.* Il est clair qu'on ne peut voir qu'avec ses yeux, et entendre qu'avec ses oreilles ; mais cette affirmation persuade davantage, et en donnant plus de force à la phrase, elle persuade mieux celui qui écoute.

6ᵉ L'*inversion* est encore une construction particulière ; c'est une interversion de l'ordre rigoureux, déterminé par la succession des idées et fixé par la grammaire. Cette figure donne souvent aux phrases plus de grâce, plus de clarté et plus d'énergie. Exemple : *Ce fut après un jour solennel, où coula le sang de mille victimes.* Cette phrase a plus de grâce que si l'on eût dit *où le sang de mille victimes coula.*

EXERCICE.

Ceux qui gouvernent les hommes ont besoin d'une rare prudence pour connaître tous les replis du corps humain.

Il est certains pédans, qui viennent d'arriver à

un point de leur période si élevé, qu'ils en sont
étourdis.

Envers le malheureux soyez toujours humain,
Comme eux vous fûtes pauvre, et comme eux orphelin.

Ce ne sont pas les hommes qui honorent les places, mais
es places qui honorent les hommes.

Ah ! si d'une pauvreté dure
Nous cherchons à nous affranchir,
Rapprochons-nous de la nature,
Qui seule peut nous enrichir.

Xe LEÇON.

**FAUTES CONTRE LA LANGUE FRANÇAISE : DU BARBARISME,
DU SOLÉCISME, DE L'ELLIPSE IRRÉGULIÈRE, DU PLÉO-
NASME VICIEUX, DE L'AMPHIBOLOGIE ET DE L'ÉQUI-
VOQUE.**

1° Le *barbarisme* est une faute contre la pureté
du langage. On fait des fautes contre la langue
1° en prononçant, ou écrivant un mot qui n'est
pas adopté, comme *élogier* pour louer, *plagier*
pour piller, *auparavant midi* pour avant midi ;
2° en donnant à un substantif un nombre qu'il
ne doit pas avoir. Ainsi, en mettant *bonheurs, chas-
tetés* au pluriel, et *catacombe, funéraille* au singulier, en construisant un verbe irrégulièrement,
comme *j'ai tombé* pour *je suis tombé*, etc. on fait
un *barbarisme*.

Le *solécisme* est une expression qui consiste à
violer les règles de la syntaxe, c'est-à-dire de la
concordance. Ainsi on fait un solécisme 1° contre
le genre, quand on dit : *Les longues pleurs d'un
enfant*, parce que l'adjectif *longues* est au féminin,
tandis que son substatif *pleurs* est masculin ;

2° Contre les temps des verbes ; exemple : *Ce
général surprend l'ennemi de grand matin avant qu'il*

eût pu ranger son armée. La première proposition est au présent, et la seconde est au passé du même mode ; il fallait *avant qu'il puisse, etc.*

3° Contre le régime , *je crus de les avoir entendus ouvrir la croisée;* le verbe *croire* ne peut régir *de voir,* il fallait *je crus les avoir entendus, etc.*

L'*ellipse* est irrégulière ou disconvenable , lorsque dans une proposition les sujets ou les verbes sous-entendus ne sont pas du même nombre , de la même personne et au même temps que celui de la proposition principale ; ainsi Mme de Sévigné a fait une faute lorsqu'elle a dit : *Je vous aime et vous aimerai;* il fallait *je vous aime et je vous aimerai.*

Un autre défaut plus sensible, c'est la différence du passif à l'actif; exemple : *Qui ne sait point aimer n'est pas digne de l'être* ; dites *ne mérite pas , etc.*

Lorsque dans une proposition l'un des deux membres est affirmatif et l'autre négatif, on doit répéter le verbe, lors même qu'il se trouve au même temps: *L'amour n'est qu'un plaisir, et l'honneur un devoir* ; il faut *l'honneur n'est, etc.*

Le *pléonasme vicieux* est une surabondance de mots qui, n'ajoutant rien à l'expression, font languir le discours par cette surperfluité; exemple : *Mon frère est mort d'une hémorrhagie de sang.* Il est clair que cette hémorrhagie signifie perte de sang; donc ces deux mots sont inutiles et même désagréables. De même quand on dit : *J'ai reçu votre lettre ; elle est remplie de beaucoup de complimens;* c'est un *pléonasme vicieux,* parce que, puisqu'elle en est remplie, il est évident qu'il y en a beaucoup.

L'*équivoque,* le *calembourg* et l'*amphibologie* ont un rapprochement dans la construction. Cependant il y a une différence : le *calembourg* est un jeu de mots, fondé sur deux sens, employés pour faire connaître ce que l'on craint d'exprimer.

L'*amphibologie* est une construction louche et ambiguë. L'*équivoque* est une construction qui donne un sens tout opposé à celui que la phrase doit avoir, mais non pas à dessein comme dans le calembourg ; exemple d'une amphibologie : *C'est la cause de cet effet dont je parle ;* d'un calembourg : *A ta santé, mon père (que je suis bête), et mon oncle aussi ;* d'un équivoque : *C'est le fils de cette femme qui a fait le mal.*

Une phrase peut être équivoque, 1° dans la signification des mots, qui signifient des choses différentes et qui s'écrivent de même, comme *coin,* qui signifie angle, fruit, machine pour fendre ;

2° Dans la prononciation, comme *ceint,* qui signifie entouré, saint, sacré ; enfin dans l'emploi des mots, *de quelle langue voulez-vous vous servir ici ?* On peut croire que c'est du langage ou de la langue qu'on a dans la bouche.

EXERCICE.

On ne doit point plagier les vers d'un auteur.

Nous condamnons dans les autres ce qu'on approuve pour soi-même.

Les ennemis entrèrent en mil huit cent quatorze, et ils ravagent la France entière.

Pour qu'on vous aime il faut tâcher de le mériter.

J'ai reçu une lettre qui est remplie de beaucoup de complimens.

Messieurs, nous devions vous donner ce soir *Tartufe ,* mais M. le président ne veut pas qu'on le joue.

SECONDE PARTIE.

PREMIÈRE LEÇON.

EMPLOI DES SUBSTANTIFS.

1. Un substantif ne doit point être isolé dans le discours, il doit être ou sujet, ou régime, ou mis en apostrophe. C'est une faute que de dire : Dieu, qui a créé le monde, je crois qu'il est tout-puissant ; il faut Dieu a créé, etc. ; je crois que Dieu, qui a créé le monde, est tout-puissant.

2. *Age, âgé.* Agé désigne simplement l'âge : mon fils est âgé de deux ans ; âge joint l'idée de l'époque : Jésus-Christ est mort à l'âge de 3o ans.

3. *An, année.* Le dernier mot veut être précédé d'un adjectif, l'autre en veut être suivi ; on ne dit pas le premier an, mais bien la première année.

4. *Arquebuse, arquebusade.* Le premier se dit d'une arme, le second d'une liqueur ; on dit de l'eau d'arquebusade, il tire avec une arquebuse.

5. *Barrière, grille.* Barrière s'emploie pour signifier ce qui sert de borne à un passage, et grille est employé pour la porte ; dès-lors on doit dire la grille ou la porte du jardin est fermée, au lieu de barrière.

6. *Branche, bûche.* La branche est le bois qui pousse de l'arbre, et la bûche est le morceau

coupé ; ainsi, au lieu de dire mettez la branche au feu, dites mettez la bûche.

7. *Cantine*, *bocal*. On emploie le premier pour signifier un petit coffre , le second est employé pour un vase de verre ; ne dites pas une cantine de verre , mais bien un bocal.

8. *Chambellan* , *chambrelan*. Le premier désigne un gentilhomme, un homme de cour ; le second désigne celui qui travaille sans droit.

9. *Couverte*, *couverture*. Couverte est le participe du verbe couvrir , mais on ne peut s'en servir pour désigner la couverture d'un lit.

10. *Enterrement*, *convoi*. Le premier désigne l'action par laquelle on met le corps en terre ; l'autre, lorsqu'on le porte en terre ; donc on dit j'ai vu passer son convoi et non son enterrement.

11. *Eruption*, *Irruption*. Le premier désigne sortir avec fracas, le second s'étendre ; on ne doit donc pas dire : les alliés ont fait une éruption, mais bien une irruption en 1814.

12. *Occasion*, *besoin*. Le premier signifie circonstance , et ne peut jamais être employé pour le second ; on ne dit pas j'ai occasion de quelque chose , mais bien j'ai besoin.

13. *Pêcherie* , *poissonnerie*. Le premier désigne l'endroit où l'on pêche les poissons , et l'autre où on les vend ; donc on ne dit pas : j'ai acheté un poisson à la pêcherie, mais à la poissonnerie.

14. *Effraction*, *infraction*. Effraction s'emploie pour fracture, infraction pour transgression : Ce voleur a fait effraction, et non pas infraction.

15. *Abandon*, *abandonnement*. Abandon s'emploie adverbialement : laisser des choses à l'abandon ; et *abandonnement*, de l'acte par lequel on abandonne.

16. *Demander excuse*, *faire ses excuses*. Ne dites pas , je vous demande excuse, pour signifier un

repentir ; dites : Je vous fais mes excuses. Car demander des excuses , c'est en exiger.

17. *Froideur, froidure*. Froideur signifie indifférence ; froidure marque l'état du froid. On dit cependant au figuré la froideur de l'hiver ; mais on ne dirait pas la froidure de l'esprit.

18. *Majesté* est du masculin quand ce mot est qualifié par un adjectif proprement dit ; mais il est féminin quand il est qualifié par un substantif employé adjectivement ; on dit : Votre majesté est prudente ; votre majesté est maître de son peuple.

19. *Mal, peine*. Le premier ne peut pas être employé pour le second ; on dit bien : J'ai du mal à la jambe ; mais on ne dit pas : J'ai bien du mal pour gagner ma vie.

20. *Midi*. On dit midi est sonné, et non a sonné, et encore moins ont sonné ; c'est l'horloge qui a sonné les heures de midi. On dit vers midi précis, et non vers les midi précise.

21. *Ouvrage d'esprit, ou de l'esprit*. Ouvrage d'esprit signifie un ouvrage bien fait ; ouvrage de l'esprit signifie seulement ouvrage de la raison. Tout ce que les hommes inventent est un ouvrage de l'esprit. Télémaque est un ouvrage d'esprit.

22. *Pleurs, larmes*. Le premier s'emploie exclusivement, le second distributivement ; on dit : Les pleurs de notre enfance ; j'ai les larmes aux yeux.

23. *Affaire*. On ne dit pas j'ai à faire à Paris, pour signifier occupation ; on dit j'ai affaire.

24. *Bouche, gueule*. On dit bouche pour les animaux de somme ou d'un caractère doux : la bouche d'un cheval, d'un mouton , etc. Gueule s'emploie pour les animaux carnivores.

25. *Groin, museau, muffle*. On dit , en parlant de cette partie de la face qui comprend la gueule et le nez :

Le *groin* d'un cochon , le *museau* d'un chien ,
le *muffle* d'un cerf, d'un bœuf, et de quelques
animaux féroces, tels que le lion , le tigre, etc.

26. En parlant de la tête de quelques animaux,
on dit la *hure* d'un sanglier , d'un brochet.

27. *Pied* se dit en général de tous les animaux chez lesquels cette partie est de corne : le
pied d'un cheval, d'un bœuf, d'un mouton, etc.
On dit généralement *patte* pour les autres animaux : la *patte* d'un lièvre, d'un chien , d'un oiseau , etc.

28. On ne doit pas écrire *sans dessus dessous* ,
mais *sens dessus dessous*.

THÈME CACOLOGIQUE.

Mon frère 1 qui est à l'âge 2 de 15 ans , je
crois que son seizième an 3 ne le verra pas
raisonnable; car, en fermant la barrière 5 de
notre jardin, il a heurté contre une branche 6 de
bois, et a mis sur le coup de l'eau d'arquebuse 4
qu'il a prise dans une cantine. 7 J'ai travaillé en
chambellan 8 malgré les chambrelans 8 de sa
majesté. Quoique je ne craigne pas la froideur 17,
j'ai eu besoin de plusieurs couvertes 9. J'ai vu
passer un enterrement 10; ceux qui en faisaient
partie versaient des pleurs 22 à faire pitié. Pendant que l'armée des puissances alliées faisait
son éruption 11 en France, j'examinais l'irruption 11 du mont Vésuve. J'ai eu plusieurs fois
occasion 12 d'acheter des poissons à la halle de la
Pêcherie 13. Ce commissaire a fait effraction
aux ordonnances de police en n'arrêtant pas ceux
qui avaient fait infraction 14 à ma porte. J'ai
fait l'abandon 15 de l'action que j'avais contre
lui, parce qu'il est venu me demander excuse 16.
Sa majesté n'a pas été satisfait 18 de la froidure
que je lui ai témoignée. Cependant sa majesté est

maîtresse de moi 18. J'ai eu beaucoup de mal 19 d'arriver avant que midi n'ait sonné 20. Les aqueducs des Romains sont des ouvrages d'esprit humain 21. L'encyclopédie est un ouvrage de l'esprit 21. J'ai à faire 23 sur les midi précise 20. Je crains la bouche 24 d'un lion et la gueule 24 d'un cheval, le museau 25 d'un cochon, le groin 25 d'un chien, la tête 26 d'un sanglier, la patte 27 d'un mouton, le pied 27 d'un chien. Mes ouvrages sont sans dessus dessous 28.

IIᵉ LEÇON.

EMPLOI DES ARTICLES.

1. L'article doit être répété avant tous les substantifs sujets ou régimes employés d'une manière déterminée, exemple : *La violence, la douceur ne marchent pas de compagnie. Il a la patience et la douceur nécessaire.*

2. Lorsque le substantif régime est employé d'une manière indéterminée, l'article simple doit être précédé de l'article partitif ; ainsi au lieu de dire *cet homme a la douceur*, il faut dire, *cet homme a de la douceur*, et l'on dirait, *il a la douceur d'un ange*, parce qu'ici douceur est déterminé par le mot ange.

3. Quand les adjectifs unis par la conjonction *et*, qualifient un seul substantif, l'article ne doit pas être répété, on dit : *Le vertueux et savant ami qui fait mon bonheur sera récompensé.*

4. On fait usage de l'article partitif devant un substantif précédé d'un adjectif et pris dans un sens indéterminé ; on dit : *Voilà* de *belles maisons et non des belles maisons* ; mais l'on dit : *J'ai acheté*

une partie des belles marchandises que vous m'avez tant vantées, parce que le substantif marchandises est ici déterminé par les mots *que vous m'avez tant vantées* : dès-lors on emploie l'article composé.

5. L'emploi de l'article déterminatif (simple ou composé) est subordonné à la manière dont le substantif est employé, mais il n'est pas toujours très-aisé de le connaître, quoiqu'on doive dire *j'ai fait* DE *belles actions*, on ne dirait pas *le propre* DE *belles actions est d'attirer* le recpect. Il faut remarquer que dans la première phrase il s'agit d'une partie de *quelques belles actions* que j'ai faites; dans le second cas, il s'agit de *toutes les belles actions* : car c'est comme si l'on disait le propre de toutes les belles actions. De même on dit : *La noblesse de France* et *la noblesse de la France;* c'est que dans le premier cas noblesse est indéterminé parce qu'il ne s'agit que de distinguer la noblesse de France d'avec celle des étrangers, et qu'il suffit d'ajouter le régime de France; mais la noblesse de la France désigne non-seulement la distinction précisée, mais encore les prérogatives, les illustrations dont elle jouit. D'après ces définitions on comprendra qu'il faut dire : *Je bois de l'eau de Seine,* et *je crois que l'eau de la Seine est bourbeuse;* et *le poisson de mer* et *le poisson des rivières. Le fleuve de St-Laurent,* et *le fleuve du Rhône.* Quelques personnes écrivent *la rivière du Gier ;* je doute si elles écriraient *la rivière du Couson.* Ces dernières phrases ne sont pas de rigueur, parce que l'esprit se fait une loi de consacrer ce que l'oreille entend avec plus de plaisir.

6. On emploie encore l'article partitif, quand le substantif est à la suite d'un verbe, accompagné d'une négation ; comme dans cette phrase : *Il n'a point d'esprit.* Mais si le substantif est suivi d'un adjectif ou d'une phrase qui le modifie, on fait usage de l'article composé ; exemple : *Je ne vous*

fais point des reproches frivoles. Ne nous donnez jamais des conseils qui soient dangereux.

7. On supprime l'art. 1. quand ils sont en apostrophe ou en interjection : *O rives du Jourdain !* 2. Quand ils sont sous le régime de la préposition *en* : regarder en pitié. 3. Quand ils s'unissent à certains verbes, pour n'exprimer avec ces verbes qu'une seule idée ; comme : *avoir envie, faire peur, chercher fortune , parler mal , tenir parole ,* etc. 4. Quand ils sont unis par les prépositions *en, à ,* ou *de,* à un mot qui précède, pour en exprimer un mode, une manière d'être ; comme : *Cheminée de marbre, tabatière d'or, table à tiroir, être en ville.* 5. Devant les noms propres de divinités, d'hommes, de villes ; exemple : *C'est Jupiter , armé pour effrayer la terre, Rome enfin se découvre à ses regards cruels.* 6. Quand ils sont placés en forme d'adresse ; comme : *Observation sur l'état de l'Europe.* 7. Pour rendre la diction plus vive ; exemple : *Bien, honneur, tout disparaît à la mort.* On se sert cependant de l'article quand on parle d'une personne de basse extraction ; comme : la Picard, la Gros-Jean ; devant le substantif propre de pays ; comme : la France, la Pologne, l'Allemagne.

8. On supprime encore l'article déterminatif, et l'on emploie l'article composé après les adverbes de quantité ou un collectif ; exemple : Cet homme a beaucoup de chagrin, une multitude d'ennuis. Mais après l'adverbe de quantité *bien,* on ne le supprime point. On dit : *il a* bien *du* courage ; sans cela il y aurait équivoque : *bien* pourrait être pris pour propriété ; comme : *bien de ville , bien de campagne.*

9. Si l'article est placé devant un substantif composé d'un substantif et d'un adjectif qui commence le mot, ce n'est point le cas d'un sens partitif ; dès-lors on dit : J'ai vu des petits-maîtres ; parce qu'on veut parler d'un jeune

homme élégant, présomptueux; et j'ai vu de petits maîtres , c'est-à-dire des maîtres bien médiocres.

10. On répète les articles *mon*, *ton*, *son*, *ce*, *cet*, *un*, *une*, *le*, *la*, *les*, devant tous les substantifs , principalement devant les mots père, mère, frère et sœur. On ne dit pas *mes père et mère*, *mes frère et sœurs* , mais-bien mon père et ma mère , etc.

THÈME CACOLOGIQUE.

Les officiers et soldats sont les défenseurs de la patrie 1. Les ambitieux cherchent fortune et gloire 1. Ce n'est pas le tout que d'avoir d'esprit 2 , il faut aussi avoir de jugement 2. L'histoire ancienne et moderne font partie de la bonne éducation 3. L'homme vertueux et le savant est au-dessus de l'homme riche 3. Le premier devoir de bons 4 magistrats est de sévir contre les mauvais et les dangereux exemples 3. La France a produit des grands hommes 4. Cet homme n'est pas dépourvu de grandes vertus qui font le bonheur de la société 4. Le propre de grands hommes est de souffrir sans se plaindre 5. La noblesse de France craint bien plus de s'avilir que la noblesse d'Angleterre 5. Les poissons de la mer ne sont pas les mêmes que ceux des rivières qui arrosent la France 5. Je ne vous fais pas des reproches 6 , mais je ne vous fais pas de complimens pompeux 6. Il faut avoir l'envie de s'instruire pour faire des progrès 6. O l'homme , si l'orgueil te tente , souviens-toi que ton existence est un jeu de la fortune 6. Les biens, les honneurs , tout disparaît à la mort 6. Italie, France, sont des pays agréables 7. Il ne suffit pas d'avoir beaucoup de l'humanité 8 , si l'on n'a pas bien d'humanité 8. Je connais des petits maîtres d'école qui ressemblent à de petits-maîtres 9. L'amour pour ses père et mère est la base de toutes les vertus 10.

IIIe LEÇON.

EMPLOI DES ADJECTIFS.

Premièrs règle. Un adjectif qui a un régime ou qui est modifié par un adverbe, doit être placé après le substantif; exemple : *Un fief dépendant de ce duché. Un homme très-estimable* ; mais si le régime appartient au substantif, celui-ci doit être placé le dernier afin qu'il soit suivi immédiatement de son régime ; exemple : *L'élégant traducteur des Géorgiques.* Remarquez que la place de l'adjectif change sa signification. (Voyez le tableau à la fin de cet ouvrage.)

2. Un adjectif quelconque doit toujours avoir son substantif exprimé ou sous-entendu dans la phrase où il est placé ; on ne dira pas *jaloux de faire des progrès, son application est extrême.* On dira *cet enfant est jaloux*, etc.

3. L'usage suffit pour connaître certains régimes des adjectifs ; par exemple, on ne dira pas *utile de tout le monde, chéri à tout le monde.* D'après ces connaissances, dès-lors deux adjectifs qui exigent différens régimes ne peuvent être placés immédiatement dans la même proposition ; on dira bien *cela est utile et agréable à tout le monde*, mais on ne dira pas *cet homme est utile et chéri de tout le monde.* Il faut *cet homme est utile à tout le monde, et il en est chéri.*

4. *Aimable, unique.*, ne peuvent avoir pour régime direct ni indirect un pronom personnel ; dès-lors on ne dira pas, *cela m'est unique, cela m'est aimable*, quoiqu'on puisse dire *il est unique dans son genre, il est aimable en société.*

5. Certains adjectifs ne conviennent qu'aux choses ; comme *pardonnable, impardonnable, con-*

testable, *incontestable*, *champêtre*, *emphatique*, *pénible*, *outrageant*, *déplorable*, *inestimable*. La particule *in* de ce dernier a une signification opposée à celle qu'elle a dans les autres mots ; ici elle signifie que l'objet ne peut être assez estimé.

D'autres ne conviennent qu'aux personnes : ce sont *consolable*, *inconsolable*, *coupable*. D'après ces règles on ne dirait pas *c'est un homme pardonnable*, *contestable*, etc. ni sa douleur est inconsolable, son action est coupable ; on fait une périphrase dans le premier cas. On doit dire *on pardonne*, *on conteste à cet homme* ; dans le second , *sa douleur est si grande*, qu'il est inconsolable, son action le rend coupable.

6. L'adjectif ne doit être régi que par le verbe être exprimé ou sous-entendu : on ne dit pas il jugea indispensable, mais il jugea qu'il était indispensable.

7. L'adjectif horrible veut *à* après lui s'il est précédé de *ce* ; exemple : *C'est horrible à penser*. Il veut *de*, s'il est précédé de *il* ; exemple : *Il est horrible de penser*.

8. *Abstrait, distrait*, ont des significations différentes ; le premier signifie 1° une qualité métaphysique ; 2° une occupation extraordinaire. Distrait signifie le contraire, être préoccupé, ne faire attention à rien. *Archimède, occupé d'un problème, était abstrait. Les enfans sont distraits.*

9. *Conséquent, considérable.* Un homme est conséquent, lorsque sa conduite est d'accord avec ses pensées, et qu'elle a la raison pour guide. On le dit aussi d'un raisonnement, lorsqu'il est fondé sur de bons principes. Le mot de considérable s'emploie lorsqu'il s'agit de parler d'un objet grand , important ; comme : cette maison est considérable.

10. *Indigne* ne se prend qu'en mauvaise part :

Il est indigne des bontés que vous lui prodiguez, mais on ne dirait pas *il est indigne des malheurs qu'il a éprouvés.*

11. *Éminent, imminent* sont deux adjectifs dont la différence échappe souvent aux meilleurs esprits. Éminent donne l'idée d'un mal, d'un péril que l'on peut regarder comme très-grand, mais dont on a le temps d'examiner la grandeur : et imminent donne l'idée d'un mal, d'un péril qu'on peut regarder comme présent et inévitable. On dit d'un homme qui a fait une entreprise téméraire, qu'il voyait bien qu'il se mettait dans un péril éminent, et d'un criminel que l'on conduit au supplice, il est dans un péril imminent.

12. *Ennuyant, ennuyeux.* Un homme ennuyant est un homme qui ennuie dans le moment et qui peut ne pas toujours avoir ce défaut, un homme ennuyeux est un homme qui est continuellement insupportable : on ne se sert guère du mot ennuyant que pour les choses.

13. *Matinal, matinier, matineux. Matinier* signifie qui appartient au matin, j'ai vu l'étoile matinière ; *matinal*, qui s'est levé matin par circonstance, vous n'êtes pas matinal aujourd'hui ; *matineux*, qui a l'habitude de se lever matin, les femmes ne sont pas matineuses.

14. *Mousseux, moussu.* Mousseux se dit de ce qui mousse, qui fait beaucoup de mousse : *Cette bière est mousseuse* ; et moussu se dit de ce qui est couvert de mousse : *Cette pierre est moussue.*

15. *Droit* ou *droite.* Accompagné d'un verbe qu'il modifie, cet adjectif est invariable, et s'il modifie un nom, il reprend sa fonction. On dira d'une demoiselle qui suit toujours la même direction : *Mademoiselle marche droit à cette maison, au but ;* mais si l'on parle de son maintien, on dira *mademoiselle marche droite.*

16. *Membru, membré.* Le premier se dit d'un

homme qui a de gros membres ; le second est un terme de blason : *Cet homme est bien membru, l'aigle de cet écusson est bien membré.*

17. *Ancien, vieux.* Ancien au féminin ne se place qu'après le substantif, s'il est modifié par un adverbe : C'est une maison fort ancienne. Ancien a rapport aux siècles, et vieux, à l'âge. *Une maison ancienne*, parlant de la famille, et *une vieille maison*, parlant des bâtimens construits depuis longtemps.

18. *Glorieux*, employé pour les choses, est pris en bonne part; pour les personnes , il ne se dit qu'en mauvaise part. Cependant Voltaire a dit : Les plus glorieux conquérans ne valent pas un prince bienfaisant ; mais ici glorieux a une acception particulière.

19. *Eclatant* ne s'emploie jamais sans régime : on dit un auteur éclatant de gloire, mais on ne dit pas un héros éclatant.

20. *Blanc.* Nous ne connaissons que cet adjectif qui ne puisse point se placer avant le substantif; même en dépit du proverbe, on ne peut pas dire blanc bonnet.

21. *Habile* régit *dans* ou *en* avant les noms, et *à* avant les verbes : *habile dans ses affaires, habile à flatter.*

THÈME CACOLOGIQUE.

C'est une avantageuse habitude à tout le monde, de s'accoutumer au travail 1. L'auteur incomparable de Vert-Vert avait d'imagination 1. La puissance de Dieu est infinie; assis sur son trône, son souffle anime tout 2. L'enfant vertueux est utile et estimé de tout le monde 3. Je cherche à l'arrêter parce qu'il m'est unique et aimable 4. Les actions coupables rendent les hommes impardonnables 5. La douleur du pécheur est inconsolable, quand il reconnaît combien ses

actions sont coupables 5. On doit croire vertueu-
ses les actions qui ont Dieu pour objet 6. Il est
horrible à penser au massacre de St. Barthélemi 7.
Les enfans feraient plus de progrès s'ils n'étaient
pas abstraits 8. Notre pays devient conséquent 9,
mais il n'y a pas beaucoup d'hommes considéra-
bles en principe 9. L'homme de bien est souvent
indigne des malheurs qu'il éprouve 10. Les faus-
ses spéculations font tomber dans un péril imminent 11, mais moins éminent que celui d'une
condamnation. Le bavard est continuellement
ennuyant 12. Les femmes sont matinières à cause
de leurs occupations matinales 13. Les bois
mousseux sont fort agréables 14. Cette demoiselle
marche droite au but 15. On dit qu'Hercule était
bien membré 16. C'est une fort ancienne famille
17, qui habite une maison ancienne 17. Napoléon
était par ses exploits le plus glorieux des souve-
rains 18 ; sa gloire le rendait éclatant 19 ; il
montait toujours un blanc cheval 20 ; il était habile à ses affaires diplomatiques.

IVᵉ LEÇON.

Les pronoms conjonctifs se placent ordinairement avant le verbe. Je chante, tu aimes, excepté
1° lorsqu'on interroge, *que fais-tu là ?* lorsqu'on rap-
proche les paroles de quelqu'un, soyez vertueux,
dit-il ; 2° lorsque le verbe est au subjonctif sans
conjonction ni pronom relatif, *puissé-je ;* après les
mots *tels*, *ainsi*, *encore*, *toujours*, et d'autres équivalens. Les pronoms régimes se placent avant le verbe, on dit je le tiens : d'après cette règle, faut-il dire,
je viens vous parler ou je vous viens parler ? ces deux

locutions sont usitées. Cependant nous croyons que la première devrait être la seule autorisée. On trouve quelquefois le pronom régime dans la proposition interrogative : *Le punissez-vous?* Boileau a dit aussi, polissez-le sans cesse et le repolissez, sans interrogation. 3° Les pronoms *je*, *me*, *moi, tu, te, toi*, ne s'appliquent qu'à des personnes; *il, elle, la, les, leur*, se disent des personnes et des choses ; cependant si *lui*, *elle*, ainsi que *son*, *sa, ses*, peuvent être remplacés par *en*, on ne doit pas les employer ; on ne dit pas *voilà une maison, je veux m'approcher d'elle, j'admire sa grandeur* ; il faut: m'en approcher, j'en admire la grandeur, etc.

4. *Soi* ne s'emploie qu'avec un sujet vague, indéfini, ou en parlant des choses : dans ce dernier cas, il faut qu'il se rapporte à un singulier; ne dites pas *cet homme pense à soi*, il faut *pense à lui.* On peut dire *chacun pense à soi* ; on ne dit pas non plus *les choses indifférentes de soi*, mais bien *indifférentes d'elles-mêmes.*

5. Les pronoms sujets se répètent avant les verbes, quand les verbes ne sont pas au même temps; on dit je vous aime et vous adore, mais on ne dit pas je vous aime et vous aimerai toujours, mais bien je vous aimerai toujours : il n'y a que *et*, *ni*, *ou*, qui n'exigent pas la répétition du sujet au même temps.

6. Quand un verbe a pour régime deux pronoms de la même personne, on place le régime direct le premier; on dit : *Je le lui donne*, au lieu de *je lui le donne* ; *donne-le moi*, au lieu de *donne moi le;* mais on dirait *je te le donne*, les deux pronoms n'étant pas de la même personne: de même, on excepte *moi*, *toi*, *le*, *la*, construit avec le pronom *y* ; on dit menez-y moi au lieu de menez m'y. Il en est de même lorsque le régime est un substantif, à moins qu'il n'y ait équivoque ; on dit *j'enseigne la grammaire à mon fils;* cependant on ne dirait pas *cet homme ar-*

rache ses secrets à la nature, mais bien *arrache à la nature ses secrets.*

7. Un pronom relatif étant toujours de la même personne que son antécédant après lequel il doit être placé, on ne doit pas dire *il n'y a que moi qui s'applique*, mais bien *qui m'applique.* La clarté d'une phrase rejette la répétition du pronom relatif qui a plusieurs antécédans : j'ai là l'ouvrage qui a été composé par la personne qui vous aime ; ici on peut dire j'ai là l'ouvrage composé par, etc.

8. *Celui-ci, celui-là, ceci, cela*, s'emploient de cette manière : *celui-ci* pour la personne la plus près et que l'on a nommée la dernière, et ceci pour l'objet le plus près ; exemple : Les vertus honorent plus que la fortune, celle-ci (la fortune) est moins précieuse que celles-là.

9. Ces mêmes pronoms étant suivis de *ci, là*, rejettent le mot *qui ;* on ne doit pas dire *celui-là qui voudra être heureux*, dites celui qui, etc. Il rejette aussi l'adjectif et les participes passés ; on ne dit pas celle reçue, celle aimable ; on dit celles qui ont été reçues, celles qui sont aimables.

10. On ne répète pas *en* ni *à* dans un même membre pour le même régime, on ne dit pas *c'est en Dieu en qui nous devons mettre notre espérance, c'est à vous à qui je veux parler ;* on dit *c'est en Dieu que nous devons*, etc., *c'est à vous que*, etc.

11.*Ce* devant le verbe être, peut être répété dans la proposition suivante, si celle-ci est employée comme attribut; on ne dit pas ce qu'il y a de plus déplorable est de voir la fortune caresser les hommes les plus vicieux ; il faut c'est de voir, etc.; on dit de même la plus grande vertu, c'est la charité.

12. Le même pronom construit avec être et suivi d'un substantif après l'attribut ou un adverbe, veut *que de* au lieu de *de : c'est un crime que de se montrer ingrat*, et non pas *c'est un crime de se montrer ingrat ;* ce serait mal agir que de négliger son ouvrage.

13. *On* précédé de *si, ou, et, ainsi,* veut un *l'* avant lui pour éviter un hiatus ; exemple : *Le pays où l'on est, j'ai lu et l'on m'a dit si l'on savait.* Si après *on* le mot commence par un *l*, on n'en prend point, on dit si on lui parle.

14. *Chacun* gouverne tantôt *son, sa, ses,* s'il est employé après un verbe dont le sens est complet, tel que les verbes actifs avec leurs régimes ou les verbes neutres ; ainsi l'on dira *ces écoliers ont répondu chacun selon son savoir.*

Il gouverne *leur, leurs,* quand il est employé après un verbe dont le sens est incomplet, tel que les verbes actifs séparés de leurs régimes. *Ces écoliers ont fait chacun selon leur savoir les réponses qu'ils ont pu.*

15. *Qui,* précédé d'une préposition, ne se dit jamais des choses, mais seulement des personnes, ainsi, on peut dire, la personne à qui j'ai donné ma confiance ; mais on ne dira point les sciences à qui je m'applique ; il faut dire les sciences auxquelles je m'applique.

15. Un pronom personnel ne peut se rapporter à un substantif indéterminé ou privé de son article ; on ne dit pas *il demande grâce, bien qu'il ne la mérite pas ;* il faut *il demande sa grâce, bien qu'il ne la mérite pas.*

17. Les mêmes pronoms répétés dans une période ne doivent pas avoir différens rapports ; au lieu de dire *Samuel offrait son holocauste à Dieu, et il lui lui fut si agréable qu'il lança au même instant la foudre contre les Philistins,* dites *Samuel offrit son holocauste à Dieu, et le Seigneur le trouva si agréable qu'il lança,* etc.

18. *Dont* exprime l'origine et non le lieu ; on ne dit pas la famille d'où je sors, mais bien la famille dont je sors, la maison d'où je viens.

19. *L'un, l'autre,* marquent un sens de réciprocité ; ainsi on ne dirait pas l'un et l'autre s'aiment, il faut l'un l'autre.

THÈME CACOLOGIQUE.

Lyon est la seconde ville de France ; en approchant d'elle 3 j'éprouvais un sentiment de curiosité ; j'admirais sa construction sur le confluent du Rhône et de la Saône 3. Dans un danger chacun pense à lui 4. L'égoïste ne pense qu'à soi 4. L'histoire et la géographie ne sont point indifférentes de soi 4. J'aime et aimerez toujours l'instruction 5. Vous allez au spectacle, menez-m'y 6, menez-y mon fils, je lui l'ai promis 6. O Richard, ô mon roi, sur la terre il n'y a plus que moi qui s'intéresse à ta personne 7. Héraclite et Démocrite étaient d'un caractère bien différent, celui-là (Démocrite) riait toujours, celui-ci pleurait sans cesse 8. Celui-là qui étudie deviendra savant 9. C'est en Dieu en qui nous devons espérer 10. Ce qui m'indigne le plus, c'est de voir que ces papillons ne se souviennent plus qu'ils ont été chenilles 11. C'est une chose déplorable de voir l'orgueil de ces parvenus 12. Si on savait combien l'on est détestable d'être orgueilleux 13, chacun se conduirait selon leurs lumières 14. L'histoire et la géographie à qui je m'applique me rendront savant 15. On aperçoit dans la conduite de certaines personnes une espèce de tyrannie qu'on tâche de cacher 17. Les hypocrites affectent dévotion et sagesse qui les rendent méprisables 18. Le pays dont je viens me rappelle le sang dont je sors 18. La douceur et la patience se font chérir l'une et l'autre 19.

Ve LEÇON.

EMPLOI DES TEMPS DES VERBES.

1. Le *présent de l'indicatif* marque qu'une chose se fait actuellement : *Dieu est éternel*; cependant on l'emploie pour marquer le futur prochain, on dit *je pars à l'instant*, mais l'on s'exprimerait mal si l'on disait *je pars dans un an.*

On fait encore usage du présent pour exprimer un passé, afin de frapper plus fortement l'imagination ; ont dit *j'aperçois un homme qui baignait dans son sang, je reconnais mon frère*. Mais quand on emploie ainsi le présent, il faut que les verbes qui sont en rapport soient au même temps. On ne dirait pas *les ennemis entrèrent dans la ville et ravagent tout ce qui se trouve sous leurs mains* ; il faut : *et ravagèrent*, etc. L'*imparfait* marque une chose faite dans un temps passé, mais présente à l'égard d'un autre : *Je pensais à vous* quand vous êtes arrivés. Le *prétérit défini* marque un temps entièrement écoulé. Le *prétérit indéfini* marque celui dont il reste encore une partie. Le *prétérit antérieur* marque une chose passée avant une autre. Le *plus-que-parfait* marque une chose passée à l'égard d'une autre qui est également passée. Le *futur simple* marque un temps à venir. *Le futur composé* marque aussi qu'une chose sera faite, quand une autre aura lieu au même temps. Le *conditionnel présent* marque qu'une chose se ferait moyennant une condition. Le *conditionnel passé* marque qu'une chose aurait été faite, si telle autre chose avait eu lieu. L'*impératif* marque un commandement.

Il n'est guère possible de se tromper dans l'emploi de ces temps ; cependant le prétérit défini veut que le temps dont il s'agit soit entièrement écoulé ; on ne dirait pas *j'écrivis une lettre ce matin* ; il faut *j'ai écrit une lettre ce matin*. Le prétérit indéfini s'emploie aussi pour le futur prochain, on dit *avez-vous bientôt fini* ; *attendez, j'ai fini dans un moment* ; mais on ne dirait pas *j'ai fini l'année prochaine*.

3. Le subjonctif est ainsi appelé, parce qu'il est sous le joug d'un verbe qui précède ; il a quatre temps : le présent, l'imparfait, le prétérit et le plus-que-parfait. L'imparfait du subjonctif, comme le présent, marque un temps futur, mais relatif à un présent, un futur ou un passé : *Je désire que vous vveniez, j'ai désiré, j'aurais désiré que vous vinssiez*. Le prétérit indique une action passée, le plus-que-parfait marque une chose passée à l'égard d'une autre. Le verbe de la proposition subordonnée se met au subjonctif 1° quand le verbe de la proposition principale exprime la surprise, l'admiration, la volonté, le souhait, le consentement, la défense, le doute, la crainte, l'appréhension, le commandement, parce que alors ce verbe ne marque rien d'affirmatif, rien de positif à l'égard du verbe qui suit, *je tremble, j'appréhende, je crains, j'ai peur qu'il ne vienne*. 2° Quand la proposition principale est négative, *je ne pense pas que vous ayez appris la grammaire*. 3° Quand *prétendre* et *entendre* signifient vouloir, *j'entends, je prétends* (je veux) *que vous fassiez cela* : mais dans le sens de ouïr, soutenir, ces deux verbes veulent l'*indicatif : j'entends* (je ouïs), *je prétends* (je soutiens) *que vous faites cela*. 4° Après un impersonnnel, si le verbe n'est pas à l'infinitif, *il faut que vous fassiez cela* ; l'impersonnel sembler veut cependant l'indicatif ; mais s'il se trouve employé négativement, il veut le subjonctif : *Il me semble que vous faites trop d'embar-*

ras, il ne me semble pas que j'en fasse autant. 5° Quand le pronom relatif *qui* a pour antécédant un substantif modifié par un adjectif employé au superlatif relatif : *Si ma religion était fausse, je l'avoue, voilà le piège le mieux dressé qu'il soit possible d'imaginer.* 6° Après les mots *quelque* ou *quel*, pluriel ou singulier, masculin ou féminin, *si*, *avant que*, *au cas que*, *pourvu que*, *à moins que*, *soit que*, et après l'adjectif *seul* ; exemple : *Quelque grands talens que vous ayez, quels que soient vos talens.*

4. Quand le verbe de la proposition principale est au présent ou au futur de l'indicatif, on met au présent du subjonctif celui de la proposition subordonnée, si l'on veut exprimer un présent ou un futur par rapport au premier verbe, mais on le met au prétérit du subjonctif si l'on veut exprimer un passé toujours au premier verbe ; exemple : *Il faut que celui qui parle se mette à la portée de ceux qui l'écoutent, il faudra qu'il ait fini avant moi.*

5. Quoique le verbe soit au présent, on peut mettre le second au passé du subjonctif, quand il y a dans la phrase une expression conditionnelle ; exemple : *Il n'est personne qui n'eût été trèsmortifié, s'il eût entendu ces mêmes propos :* le présent de l'indicatif et le futur sont donc les deux temps avec lesquels doit concorder le présent du subjonctif ; cependant, au lieu de faire usage de l'imparfait du subjonctif, on emploie le présent du subjonctif lorsque le verbe de la proposition subordonnée exprime une action qui peut se faire dans tous les temps : *Je n'ai employé aucune fiction qui ne soit une image sensible de la vérité.*

6. Quand le verbe de la proposition principale est à l'imparfait ou à l'un des conditionnels, on met le verbe de la proposition subordonnée à l'imparfait du subjonctif si l'on veut exprimer un présent ou un futur, par rapport au premier verbe ; mais

on doit le mettre au plus-que-parfait si l'on veut exprimer un passé, toujours par rapport au premier verbe : *Les Romains ne voulaient point de batailles hasardées mal à propos ni de victoires qui coûtassent trop de sang.*

7. *Aller.* On ne dit pas *aller de pied*, mais bien *aller à pied.*

Je vais ou *je vas* peuvent se dire également ; mais je m'en vais s'emploie sans complément, on dit bien je m'en vais, mais on ne dirait pas je m'en vais à Paris, parce que *en* et *Paris* formeraient un pléonasme vicieux ; on doit dire je vais à Paris, aller ne pouvant régir directement un substantif.

8. On ne doit pas dire *j'ai plusieurs endroits à aller*, mais bien *j'ai en plusieurs endroits à aller.*

9. *Etre allé, avoir été,* font entendre un transport local ; mais *avoir été* signifie le retour, on dit : Il est allé à Paris, il a été à Paris. La première phrase signifie qu'il est encore en route, la seconde qu'il est de retour ; donc on ne peut pas dire je suis allé, tu es allé, à moins qu'on ne mette ces mots dans la bouche de quelqu'un, comme : Si l'on me demande, dites que je suis allé à la messe.

10. *S'en aller.* On ne dit pas je me suis en allé, le mot *en* doit précéder le verbe être, mais *allé* ne doit pas en être précédé, on doit dire je m'en suis allé ; on ne dit pas non plus laissez-le en aller, ni même laissez-le morfondre, laissez-le repentir, parce que en aller, morfondre, repentir, sont des verbes pronominaux qui doivent, comme tous les verbes de cette nature, être précédés du pronom *se;* on doit dire laissez-le s'en aller se morfondre, se repentir ; de même, au lieu de dire cette eau fait en aller les rougeurs, il faut fait passer, etc.

11. *Etre.* Ce verbe ne doit point s'employer pour signifier un transport local ; quelques personnes

disent je fûs le trouver, je fus le voir, il faut j'allais le trouver, etc.

12. L'*infinitif* doit toujours se rapporter d'une manière claire au sujet, on dit bien l'on vit pour travailler, mais on ne dirait pas Dieu nous a créés pour travailler, mais pour que nous travaillons.

THÈME CACOLOGIQUE.

Je pars l'année prochaine 1. Guillaume-le-Conquérant entra dans Nantes, et ravage tout ce qu'il rencontre 1. Je parlai à mon frère ce matin des devoirs que nous avons à remplir envers nos parens 2. Il est impossible, monsieur, que vous voyez mon maître aujourd'hui 3. Je prétends (j'ordonne) que les élèves font leur devoir 5. J'entends (je ouïs) que l'on fasse du bruit 3. Je prétends (je soutiens) que ma méthode soit bonne 3. Si ma douceur donne lieu à la critique, voilà une calomnie la plus grande qu'il est possible de s'imaginer 3. Je voudrais que les hommes soient tout ce qu'ils paraissent 6, mais je ne veux pas que l'homme se pervertit en s'instruisant 4. Il me semble que l'instruction fasse des progrès 3, mais il ne me semble pas que les hommes sont francs 3. Je m'en vais à Paris 7, j'irai de pieds 7, j'ai plusieurs quartiers à aller 8. Cyphise a été à l'église où elle sera moins occupée de Dieu que de sa toilette 9. Si l'on vient me demander, dites que j'ai été à Paris 9. Mon frère s'est en allé de son plein gré 10 ; c'est pour cela que je vous ai dit : Laissez-le en aller 10. Le quinquina fait en aller la fièvre 10. Je fus trouver cet homme charitable 11; il me dit : Le seul trésor qu'on ne peut pas ravir à l'homme, c'est le mérite d'une bonne action 3. La vie de Pepin ne fut pas assez longue pour mettre les dernières mains à ses projets 12.

VIe LEÇON.

VERBES PRENANT L'AUXILIAIRE ÊTRE DANS LES TEMPS COMPOSÉS.

1. De six cents verbes neutres environ, plus de cinq cent cinquante prennent l'auxiliaire avoir, parce qu'ils expriment une action ; excepté *arriver, décéder, éclore, mourir, naître, tomber, revenir, devenir, parvenir*, que l'usage assujettit à prendre l'auxiliaire être, ainsi que les verbes pronominaux et les verbes passifs : on ne dit pas *j'ai arrivé, il a tombé*, mais bien *je suis arrivé, je suis tombé.*

VERBES PRENANT L'AUXILIAIRE AVOIR DANS LES TEMPS COMPOSÉS.

2. Tous les verbes actifs et les cinq verbes neutres suivans : *Comparaître, dégénérer, renoncer, contrevenir* et *subvenir.* Quelques auteurs sont dissidens à l'égard de ces derniers, mais nous nous rangeons à l'opinion du plus grand nombre ; on ne dit pas il est dégénéré, mais bien il a dégénéré.

VERBES PRENANT L'AUXILIAIRE AVOIR QUAND ILS EXPRIMENT UNE ACTION, ET L'AUXILIAIRE ÊTRE QUAND ILS SERVENT A MARQUER L'ETAT.

3. *Périr, rajeunir, vieillir, déchoir, accourir, entrer, sortir, monter, descendre, apparaître, disparaître, échouer, accoucher, grandir, embellir, échapper, croître, décroître, partir, et expirer*, prennent l'auxiliaire avoir, quand ils marquent l'action ; et l'auxi-

liaire *être*, quand ils marquent l'état. Ainsi l'on dit: *Cet homme est péri*, ce qui signifie dans cet état (mort); mais l'on dit: *Cet homme a péri en débarquant*, parce que ces mots en débarquant annoncent une action.

REMARQUE. *Echapper* prend cependant l'auxiliaire être avec l'impersonnel, et en parlant d'une expression échappée par inadvertance : *Ce mot lui est échappé*, il lui est échappé un mot. Dans le sens éviter, il prend toujours avoir : Il l'a échapé belle.

Expirer prend toujours être en parlant des choses : *Votre bail est expiré depuis Noël*.

4. *Demeurer*, *rester*, prennent l'auxiliaire avoir quand il y a eu translation, et l'auxiliaire être dans un autre cas, on dit : J'ai resté deux mois à la campagne l'été passé, j'ai demeuré six mois à Paris. Mais on dira : Il est resté à Lyon, il est demeuré à Paris, s'il y est encore. On dit aussi : Son bras est resté paralytique.

5. *Courir* prend l'auxiliaire être pour signifier rechercher : Cette marchandise est bien courue. Mais au sens propre, il prend avoir : Il a toujours couru.

6. *Cesser* prend avoir si l'action qu'exprime le verbe n'est que momentanée : La fièvre a cessé à midi, on présume qu'elle reviendra ; la fièvre est cessée entièrement, la personne est guérie.

7. *Amasser*, *ramasser*. Le premier signifie faire un amas : Il a amassé de l'argent, et non il a ramassé. Le second signifie relever de terre : Il a ramassé son mouchoir.

8 *Agir*, *user*. Ne dites pas il a bien usé envers moi, il en a bien agi ; dans la première phrase, usé est employé pour agir, il a bien agi envers moi ; dans la seconde, agir est précédé de *en* que le verbe rejette ; il faut il a bien agi.

9. *Aider* s'emploie activement pour signifier être utile seulement : Je l'ai aidé à marcher. Il

s'emploie neutralement, pour signifier partager la peine : Je lui ai aidé à porter ce fardeau.

10. *Annoblir*, *ennoblir*, ont cette différence que le premier signifie rendre noble par un titre : Il est annobli par le roi ; le second signifie rendre illustre : Les sciences ennoblissent un état.

11. *Assurer*. Ce verbe signifiant certifier, donner pour sûr, exige le régime direct de la chose et le régime indirect de la personne : On assure quelque chose à quelqu'un ; et lorsqu'il signifie témoigner, il veut le régime direct de la personne, et le régime indirect de la chose : Assurer M. le comte du respect qu'on a pour lui.

12. *Atteindre* s'emploie neutralement, lorsqu'il se dit des choses auxquelles on ne peut parvenir qu'en faisant des efforts dirigés vers elles ; on dit : Atteindre à une certaine hauteur, etc. Il s'emploie activement lorsqu'il se dit des personnes et des choses auxquelles on parvient sans difficulté et sans efforts : Il a atteint sa douzième année ; il a atteint son frère.

13. *Aboucher* ou *s'aboucher*. N'employez pas ce verbe pour signifier se pencher en avant, ce verbe signifie se rencontrer dans un rendez-vous ; il s'est incliné, au lieu de il s'est abouché.

14. *Bossuer*, *bosseler*. Le premier se dit des bosses qu'on fait à la vaisselle en la laissant tomber ; le second s'emploie en parlant du travail en bosse que l'on fait sur de l'argenterie : Ma vaisselle est bossuée.

15. *Colorer*, *colorier*. Le premier de ces deux verbes s'emploie au propre et au figuré ; il signifie donner une couleur naturelle. Le second se dit des couleurs artificielles et des objets auxquels on donne de la couleur : Le soleil colore les fruits, ce peintre colorie bien les tableaux.

16. *Comparer à* et *comparer avec* sont des expressions différentes. On dit comparer une chose à

une autre, lorsqu'il y a un rapport, une analogie entre ces deux choses; ainsi, l'on doit dire avec Buffon, comparant les œuvres de la nature aux ouvrages des hommes, parce qu'il y a une ressemblance entre les œuvres et les ouvrages, qui est la base de la comparaison; mais dites: Ne comparez pas la soumission du chien avec la férocité du tigre, parce qu'il n'y a point d'analogie entre les deux termes.

17. *Confier, se confier, mettre sa confiance, prendre confiance, avoir confiance, se fier.* Chacun de ces verbes présente quelques difficultés à cause de la différence de leurs régimes.

Confier, verbe actif, signifie commettre quelque chose à la fidélité de quelqu'un; il régit la préposition *à* après le régime direct : Il a confié un secret à son ami.

Se confier signifiant s'assurer, prendre confiance, veut pour régime la préposition *en* : Je me confie en la providence de Dieu.

Mettre sa confiance signifie mettre sa confiance ferme en quelqu'un, en quelque chose. En parlant des personnes, il faut faire usage de la préposition *en* : Celui qui met une trop grande confiance en soi-même, s'abandonne à la discrétion des méchans.

En parlant des choses, on peut employer la préposition *en*, ou la préposition *dans* : Quiconque met sa confiance en ses richesses, se prépare un repentir.

Prendre confiance se dit également de l'assurance qu'on a de la probité de quelqu'un; on se sert alors de la préposition *en*, lorsqu'il s'agit des personnes : Il a pris confiance en moi.

Lorsqu'il s'agit des choses, Bouhours et Wailly sont d'avis qu'alors on doit faire usage de la préposition *à* : Il a pris confiance à cette affaire.

Avoir confiance demande aussi la préposition *en* : Il a confiance en quelqu'un.

Enfin le verbe se fier régit *à*, *en* et *sur*, mais la signification n'est pas la même dans ces différentes prépositions. On dit nous nous fions à quelqu'un, lorsqu'on est persuadé qu'il ne trompera pas.

Se fier en quelqu'un se dit par opposition à toute autre personne en qui l'on aurait pu se fier : Je ne me fie qu'en vous.

On se fie sur une personne, quand on croit qu'elle a tous les moyens d'effectuer ce qu'on désire : Dans cette malheureuse affaire, je ne me fie que sur vous pour me tirer d'embarras.

Consommer, *consumer*. Consommer se dit de tout ce qui est susceptible d'être accompli, perfectionné ; consumer se dit de tout ce qui est susceptible d'être dévoré ou anéanti : Le feu consuma tout l'édifice ; on dit cependant : Consommer beaucoup de viandes, beaucoup de denrées.

19. *Croire quelqu'un ou quelque chose, croire à quelqu'un, à quelque chose.*

Croire quelqu'un, c'est ajouter foi à ce qu'il dit : C'est un menteur, on ne le croit plus.

Croire à quelqu'un, c'est croire à son existence ; ainsi, si l'on croit aux revenans, aux sorciers, on croit qu'il y en a.

Croire quelque chose, c'est l'estimer véritable : Je crois cela parce que je l'ai vu.

Croire à quelque chose, c'est y ajouter foi, y avoir confiance : Il me proteste de son innocence, mais je n'y crois pas.

20. *Déparler* signifie ne cesser de parler ; ce verbe ne s'emploie qu'avec la négation et dans le le style familier ; ainsi on ne pourrait pas dire il déparle, pour signifier il ne sait pas ce qu'il dit ; mais on dit bien cet homme ne déparle pas, et pourtant il ne dit rien.

21. *Déjeûner, dîner, souper.* Ces trois verbes veulent la préposition *avec* avant un nom de personne, et la préposition *de* avant un nom de chose :

J'ai déjeûné avec mon ami, j'ai déjeûné de café, et non pas avec du café.

22. *Délivrer*, verbe actif, ne peut avoir deux régimes de personnes ; on dit bien délivrer des marchandises à quelqu'un ; mais on ne dirait pas délivrer les prisonniers à quelqu'un, parce qu'il y aurait deux régimes de personnes.

THÈME CACOLOGIQUE.

J'ai arrivé assez tôt pour voir lorsque la maison de mon frère a tombé 1. Les Romains ont bien dégénéré depuis le 14me siècle 2. La Méduse a échoué 3 ; le capitaine est péri à la vue de l'équipage 3. Il a échappé une impertinence à mon frère 3, qui est demeuré quelque temps à Paris 4. Nous sommes courus fort long-temps avant de nous reposer 5. L'accès de ma fièvre est cessé 6. Le choléra a cessé entièrement à Paris 6. Mon frère est passé en Amérique 3, où il a ramassé une fortune considérable 7 ; mais il en a mal agi 8 ; car je lui ai aidé à faire une construction qui l'a ruiné 9. Le cœur voudrait toujours annoblir ce qu'il aime. Un brave est plus annobli par ses exploits, qu'il n'est ennobli par son titre 10. J'assure à monsieur le comte du respect que j'ai pour lui 11. On atteint sans effort à un âge plus ou moins avancé 12 ; mais on atteint pas la perfection de la même manière 12. Cet enfant est tombé parce qu'il s'est trop abouché 13. Notre vaisselle est bosselée 14. M. Pélegrin bossue artistement les ouvrages qu'on lui confie 14. Le peintre colore ses tableaux 15 et le soleil colorie les fleurs 15. Nous ne devons pas comparer la vertu au vice 16. Celui qui se confie à ses propres forces agit avec prudence 17. Celui qui met sa confiance à ses richesses en éprouvera la fragilité 17. On peut se fier en un brave et se fier à un homme à talens 17. Celui qui est consumé dans les sciences n'a pas consommé son temps dans l'inaction 18. Je ne puis croire aux personnes qui veulent que je croie les revenans 19. Je crois que vous déparlez 20 lorsque vous me dites que vous avez déjeûné avec un poulet 21. Délivrez-nous Barrabas, fut la réponse des Juifs 22.

VIIᵉ LEÇON.

SUITE DE L'EMPLOI DES VERBES.

1. *Devoir* doit être employé avec deux régimes ; on ne dit pas je dois à la société, mais je me dois à la société. On dit cependant cet homme doit beaucoup.

2. *Disputer* ne prend le pronom réfléchi que dans le sens de prétendre concurremment, et alors il est suivi d'un régime direct : On se dispute la prééminence, un rang, un héritage. Mais signifiant être en débat, avoir contestation, il faut quereller.

3. *Distinguer de, distinguer d'avec.* La première expression suppose des nuances entre les qualités analogues aux deux choses : Il faut distinguer la piété de la dévotion ; la seconde suppose la connaissance de la différence ; ainsi : Distinguer un honnête homme d'avec un hypocrite, c'est saisir la différence qu'il y a entre eux.

4. *Eclairer, allumer.* Lorsque le premier de ces deux verbes signifie donner de l'intelligence, de la clarté à l'esprit, il doit être suivi d'un régime direct toujours exprimé : Cette lecture lui a bien éclairé l'esprit. Mais éclairer ne doit point avoir un régime direct exprimé, s'il désigne l'action d'apporter de la lumière à quelqu'un pour lui faire voir clair ; ainsi l'on doit dire : Eclairez à monsieur, et non pas éclairez monsieur.

Allumer. Il n'est d'usage que lorsqu'il signifie mettre le feu à quelque chose, il ne peut être employé qu'en parlant des choses ; on dit : Allumez la chandelle.

5. *Egaler, égaliser*. Le premier se dit des personnes et des choses. Le second ne se dit que des choses. Egaler est de tous les styles du discours commun : La mort égale tous les hommes. Egaliser ne se dit qu'en style de pratique, et en style familier : Egaliser les lots d'un partage. Il signifie encore rendre plain, uni, semblable.

6. *Emprunter*. Ce verbe ayant pour régime indirect un nom de chose, veut que ce régime soit marqué par la préposition *de* : La lune emprunte sa lumière du soleil. Accompagné d'un régime indirect de personne, il prend indifféremment la préposition *à*, ou la préposition *de* : Emprunter quelque chose à quelqu'un ou de quelqu'un.

7. *Enseigner, apprendre*. Enseigner, c'est uniquement donner des leçons ; apprendre c'est prendre des leçons dont on doit profiter ; car on ne dirait pas : Je viens de lui enseigner une nouvelle, mais de lui apprendre une nouvelle.

8. *Espérer*. Ce verbe ne présentant à l'esprit que l'idée d'une chose future, ne doit pas être suivi d'un verbe au passé ou au présent ; comme dans cette phrase : J'espère que Pauline se porte bien ; on dit : Je pense que Pauline se porte bien.

9. *Eviter, épargner*. Le premier signifie esquiver, fuir une chose, éviter les mauvaises compagnies ; l'autre signifie s'abstenir ; on ne dit pas : Evitez-moi la peine, mais bien épargnez-moi la peine.

10. *Expirer*, comme on l'a vu, prenant avoir en parlant des personnes, n'admet pas l'auxiliaire sous-entendu ; on ne dit pas : Un homme expiré n'est plus qu'un cadavre.

11. *Faire* doit être précédé des pronoms *lui, leur*,

et non de *le, la, les,* lorsque l'infinitif suivant a un régime direct. On ne dit pas : On le fit obtenir un emploi, il faut on lui ; mais on dit : On le fit consentir à cette demande.

12. *Ne fait que de sortir, ne fait que sortir.* Dans la première phrase, on veut dire qu'il y a très-peu de temps qu'il est sorti ; dans la seconde, on veut faire entendre qu'il sort continuellement.

13. *Fixer.* Ce verbe s'emploie mal-à-propos dans le sens de regarder ; il n'est d'usage que lorsqu'il signifie rendre fixe, stable, constant ; aussi l'on ne doit pas dire : Il fixait ce tableau avec une grande attention, il faut : il regardait ce tableau, etc.

14. *Flairer, fleurer.* Il y a une différence dans l'emploi de ces deux verbes ; flairer, verbe actif, signifie au propre, sentir par l'odorat : Flairez un peu cette rose ; fleurer, en ce sens, serait une faute. Au figuré, il se dit pour pressentir, prévoir : Il a flairé cette affaire de loin. Fleurer, verbe neutre, signifie répandre, exhaler une odeur : Cela fleure bon.

Les tubéreuses fleurent bon. Figurément et proverbialement, on dit d'une affaire qui paraît bonne et avantageuse : Cela fleure comme baume.

15. *Hériter.* Lorsque ce verbe a deux régimes, afin de ne lui en pas donner deux semblables, on fait usage du régime indirect pour les personnes, et du régime direct pour les choses : Appius avait hérité de son père, son attachement inviolable pour les intérêts du sénat. Quand hérité n'a qu'un régime, c'est toujours le régime indirect, soit de la personne, soit de la chose que l'on emploie : Il a hérité de son oncle, il a hérité de ses vertus.

16. *Ignorer.* Avec rien il signifie savoir tout : Il n'ignore rien de tout ce qui se passe. Cependant ignorer est neutre dans cette phrase familière : Il n'ignore de rien.

Le *que*, après ignorer, régit le subjonctif pour le sens affirmatif, et l'indicatif pour le sens négatif: On ignore communément que Tristan ait mis en vers l'office de la sainte Vierge, on n'ignore point que Tristan a mis, etc.

17. *Il est*, *il y a*. Ces deux expressions, qui sont souvent employées l'une pour l'autre, offrent cependant quelque différence : *il est* exprime quelque chose de plus général ; et *il y a*, quelque chose de plus particulier et de plus applicable à une circonstance particulière. Quand je dis, par exemple : Il est des dangers auxquels l'homme le plus sage ne saurait échapper, je n'exprime qu'en général l'existence de ces dangers, et je ne les applique à aucun cas particulier ; mais quand je dis : Il y a dans cette affaire des dangers auxquels vous ne pourriez échapper, je n'indique plus des dangers d'une manière vague et générale, mais je les suppose existant réellement, d'une manière particulière et déterminée.

18. *Imaginer*, *s'imaginer*, ne signifient pas la même chose ; le premier signifie créer : Il imagine une machine, et le second se figure quelque chose : Il s'imagine qu'on s'instruit facilement.

19. *Imiter*, *suivre l'exemple*. Le premier de ces verbes ne peut être employé pour le second : on ne dit pas imiter l'exemple de quelqu'un, on dit *suivre*, à moins qu'on ne parle d'un modèle : imiter un exemple d'écriture.

20. *En imposer*, *imposer*. Le premier signifie mentir, le second imprimer le respect. M. le comte en impose par sa présence, serait une sottise ; il faut supprimer *en*.

21. *Insulter*, verbe actif, ne s'emploie qu'avec le régime direct, dans le sens de faire insulte : Cet homme a insulté son hôte.

Dans le sens de manquer à ce que l'on doit aux

personnes et aux choses , il régit la préposition *à* : Insulter aux malheureux.

22. *Invectiver*. Ce verbe est toujours neutre ; ainsi l'on dit : Invectiver contre quelqu'un , et non invectiver quelqu'un.

23. *Joindre*. Ce verbe actif employé dans le sens d'ajouter , de mettre une chose avec une autre , en sorte qu'elles fassent un tout , demande pour second régime la préposition *à* et non *avec* : Je vous prie de joindre vos prières aux miennes.

24. *Jouir* , verbe neutre , se prend toujours en bonne part : Jouir de la plus parfaite santé. C'est donc mal s'exprimer que de dire: Cette personne jouit d'une mauvaise réputation.

25. *Mêler*, verbe actif dans le sens propre , et alors signifiant brouiller ensemble plusieurs choses , demande la préposition *avec* : on dit mêler de l'eau avec du vin, et non pas mêler de l'eau à du vin.

Dans le sens figuré et signifiant joindre , unir une chose avec une autre, il régit la préposition *à* : Dieu mêle sagement aux douceurs de ce monde , des amertumes salutaires.

26. *Observer*. Ce verbe a diverses acceptions. Lorsqu'on s'en sert pour signifier épier , remarquer les actions , il est actif , et alors on peut lui donner un régime direct , et dire : Je vous observe , prenez garde à ce que vous direz.

Mais si l'on s'en sert dans le cas de remarquer , il est neutre , et doit être construit de même ; on dira donc : J'ai observé que, par la raison qu'on dirait j'ai remarqué que , mais on ne dirait pas : Je lui ai observé que.

27. *Mal parler* , *parler mal*. Beauzée pense que ces deux expressions ne sont pas synonymes ; parler mal, c'est s'exprimer incorrectement ; mal parler, c'est médire de quelqu'un.

28. *Partager*. Quand on conserve une portion

de ce que l'on partage, on doit dire partager entre, et non pas à. Ainsi au lieu de dire elle par-
tageait aux pauvres le peu qu'elle gagnait, il faut
dire entre les pauvres.

29. *Participer à*, c'est avoir part à.... Le jeune
marquis de Villeroy ne participe pas à la bienveillance dont m'honorait son oncle, M. le duc
de Luxembourg; *participer de*, c'est tenir de la
nature de quelque chose : Plusieurs des défauts
que l'on rencontre dans la Fontaine, participent
quelquefois des qualités aimables qui les avaient
fait naître.

Ainsi, participer est suivi de *à*, quand son sujet est un nom de personne, et il est suivi de la
préposition *de*, quand son sujet est un nom de
chose.

THÈME CACOLOGIQUE.

Je dois à ma maîtresse aussi bien qu'à mon
père 1. Ces deux personnes se sont disputées 2,
parce qu'elles ne pouvaient distinguer le vice de
la vertu 3. Allumez monsieur avec la chandelle
qui est éclairée 4. J'apprends la grammaire à
mon fils 7. Le méchant n'égalise pas l'homme
vertueux en bonnes actions 5. La douceur emprunte ses charmes à la modestie 6. J'espère
que l'application vous fera obtenir quelques succès 8. Evitez-moi le désagrément de vous reprocher votre paresse 9. A ces mots, ce héros expiré
n'a laissé dans mes bras qu'un corps défiguré 10.
Mon cousin ne fait que sortir à l'instant 12,
il a parlé à sa majesté, on l'a fait faire cette dé-
marche, sans laquelle on lui faisait renoncer à
ses prétentions 11. Il n'appartient qu'à l'aigle de
fixer le soleil 13. Cette affaire flaire comme baume 14. Fleurez cette rose que je destine à flairer
mon cabinet 14. J'ai hérité d'un bien considéra-

ble de mes parens , c'est leurs vertus 15. Je n'ignore pas que l'instruction soit avantageuse 16. Il y a des forfaits que le courroux des dieux ne pardonne jamais 17. La principale qualité d'un peintre est de bien s'imaginer ses tableaux 18. On imagine qu'on a le temps de penser à la mort, et l'on passe sa vie dans l'indifférence 18. Ne suivez pas l'exemple des méchans 19. Louis XIII ignorait le grand art des hommes en place, celui d'en imposer à la renommée 20. Le puissant insulte par le mépris le malheureux 21. Et celui-ci invective le maître qui l'occupe 22. Joignons d'un nœud sacré ma famille avec la vôtre 23. Il est 16 des personnes qui jouissent d'une mauvaise réputation, et qui n'en sont pas moins orgueilleuses 24. Ne mêlons pas les louanges d'un fat avec la critique d'un sage 25. Je vous observe que c'est mal parler 26, que de s'exprimer incorrectement 27 ; et que c'est parler mal que de dire des injures 27. Les enfans participent au caractère de leurs parens , mais ils ne participent pas toujours de leurs fautes 29. Ces personnes charitables partagent avec les pauvres toute leur fortune et ne gardent rien pour elles.

VIIIᵉ LEÇON.

SUITE DE L'EMPLOI DES VERBES.

1. *Se plaindre de ce que, se plaindre que.* Lorsque le verbe de la proposition subordonnée est à l'indicatif, ces deux locutions s'emploient indifféremment l'une pour l'autre ; lorsqu'il est au subjonctif, se plaindre que est la seule qui soit autorisée : Il est ridicule de se plaindre que Montalte ait ramassé toutes ces erreurs dans un seul livre.

2. *Plaire.* Wailly pense qu'il faut dire : Vous plaît-il de faire usage ; et en effet l'Académie, dans ces sortes de phrases, ne supprime point *de*, et c'est son sentiment que nous suivons.

Vaugelas est d'avis qu'il faut répondre à quelqu'un qui vous offre quelque chose, ce qu'il vous plaira, et non pas ce qui vous plaira ; voici ses raisons : *Je vous rendrai tous les honneurs qu'il vous plaira.* Personne, dit-il, ne doute que ce ne soit bien parler ; et toutefois, si au lieu de *qu'il* nous mettons *qui*, comme font plusieurs de nos meilleurs écrivains, il faudrait dire : *Je vous rendrai tous les honneurs qui vous plairont,* ce qui serait ridicule.

3. *Porter envie, envier.* Envier ne se dit que des choses, et porter envie ne se dit que des personnes : Il ne faut point envier le bien d'autrui ; le sage ne porte envie à personne.

4. *Porter.* Lorsque ce verbe se dit de la santé, il ne s'emploie qu'avec le pronom personnel ; on ne dit pas : Cette personne est bien portante ; mais cette personne se porte bien.

5. *Se ranger du, se ranger à.* Se ranger du parti de quelqu'un, c'est s'unir avec lui contre d'autres personnes qui ont un intérêt contraire : Cicéron s'étant rangé du parti de Pompée, entreprit la défense de Ligarius son ami, accusé d'avoir porté les armes contre César. Se ranger à l'opinion de quelqu'un, c'est déclarer qu'on l'adopte : Tous les opinans se rangèrent à son avis.

6. *Se rappeler.* Observez qu'on ne doit pas dire : Je me rappelle de cet événement, car cette phrase veut dire : Je rappelle à moi cet événement. Or, *à moi* et *de cet événement*, sont deux régimes indirects, et il est de principe que tout verbe actif veut un régime direct ; il faut donc dire, pour s'exprimer correctement : Je me rappelle cet évé-

nement ; par la même raison , au lieu de dire : Je m'en rappelle , on dira : Je me le rappelle.

Dans le dictionnaire de l'Académie, édition de 1798, on lit : *Se rappeler* se joint avec l'auxiliaire *avoir* et la préposition *de* : *Je me rappelle d'avoir vu , d'avoir fait* ; et avec le *que* conjonctif : *Je me rappelle qu'il m'a dit.*

7. *Rétablir*, verbe actif, remettre au premier état une chose qui a été altérée ou ruinée. D'après cette définition donnée par l'Académie , la phrase suivante , qui est de Vaugelas , n'est donc pas correcte : *Avec un renfort considérable , il marcha pour rétablir le désordre des provinces révoltées.* On rétablit l'ordre et non le désordre.

8. *Réunir.* Ce verbe signifiant posséder en même temps , ne veut point que la préposition *à* soit placée avant un de ses régimes ; ainsi ne dites pas : Caton réunissait la vaillance à la sagesse , dites et la sagesse.

9. *Songer* s'emploie quelquefois pour penser : On songe à soixante ans à se convertir ; mais on ne dirait pas on songe telle chose de cette personne , comme on dit on pense telle chose de cette personne.

10. *Soupirer* est neutre dans le sens d'aspirer, désirer, rechercher avec ardeur les ambitions, soupirer après les honneurs ; plusieurs poètes ont cependant employé ce verbe activement en poésie :

> Tantôt vous soupiriez mes peines.

Mais ce serait une faute en prose.

11. *Suppléer une chose, suppléer à une chose.* Suppléer une chose, c'est ajouter en objets de la même nature ce qui manque, c'est fournir ce qu'il faut de surplus, pour que cette chose soit complète : *Ce sac doit être de mille francs, ce qu'il y a de moins, je le suppléerai.* Suppléer à une chose, c'est remplacer une chose par une autre chose qui en tient lieu,

quoique d'une nature différente ; et alors suppléer signifie tenir lieu de : Je supplée à sa place.

12. *Tomber par terre, tomber à terre*. Tomber par
terre se dit de ce qui, touchant à terre, tombe de
sa hauteur ; et tomber à terre de ce qui, étant
élevé au-dessus de terre, tombe d'en-haut. Les
fruits tombent à terre, les enfans tombent par
terre.

13. *Traiter*. On dit indifféremment traiter une
matière, une question, et traiter d'une matière,
d'une question ; mais quand on spécifie la matière,
la question, il faut dire *traiter de* ; exemple : *Dans
son ouvrage il traite des planètes, des métaux, de
l'économie.*

Traiter une affaire, c'est l'examiner à fond, et
traiter d'une affaire, c'est la discuter ; donc
c'est une faute, que d'employer l'un pour l'autre.

14. *Viser*, verbe neutre, ne doit pas être accompagné d'un régime direct ; au propre il se dit
pour viser, regarder un but afin d'y adresser un
coup de pierre, d'arme à feu : Il visait à ce but.
Cependant, dans l'édition de 1798, l'Académie
observe que le verbe *viser* se prend activement
dans certains cas que l'usage autorise, et alors elle
est d'avis qu'on peut dire, on a visé cet homme
au cœur, on a visé cet animal à la tête.

15. *Ne voir goutte*. Il s'est glissé, à l'égard de
cette locution, un mot qui, bien qu'il soit employé par beaucoup de personnes, n'en est pas
moins inutile et déplacé ; on dit communément :
Je n'y vois pas du tout. Pourquoi faire usage de
ce pronom *y* ? il n'exprime point de relation ; conséquemment il est absolument inutile, et par cela
même une faute.

16. *Accoutumer*, employé activement, se met
avec la préposition *à* : Il ne faut pas accoutumer
les peuples à prendre les rênes. Employé prono-
minalement, il se met aussi avec cette préposi-

tion : Il faut s'accoutumer à supporter les ou- trages de la fortune; mais employé neutralement, dans le sens d'avoir coutume, ce verbe régit *de* avec l'infinitif s'il est précédé du verbe *avoir* : Ces arbres avaient accoutumé de donner beaucoup de fruit ; cependant, s'il est joint avec être, il régit *à* : Je suis accoutumé à me promener le matin.

17. *Défier* signifiant faire un défi, régit *à* : Je l'ai défié à faire ce que je ferai.

Signifiant reprocher à quelqu'un son peu de courage ou son ignorance, il régit *de* : Je vous défie de m'oublier entièrement.

18. *S'efforcer.* Au figuré, ce verbe signifie employer ses facultés intellectuelles pour parvenir à une fin, et alors il demande la préposition *de* avant l'infinitif : Vous vous efforcez de déplaire; au propre, il signifie employer toute sa force à quelque chose, et alors il prend *à* : Il s'est efforcé à me parler.

19. *Commencer à*, *commencer de*. Marmontel établit entre *commencer à* et *commencer de* une dis- tinction qui nous paraît extrêmement judicieuse. *Commencer à*, dit-il, désigne une action qui aura du progrès, de l'accroissement ; *commencer de* peint une action complète qui aura de la durée ; on dit d'un enfant : Il commence à parler à quatre ans ; on dit d'un orateur : Il commence de parler à quatre heures et finit à dix.

19. *Continuer* demande *à* avant un infinitif lors- qu'on veut exprimer qu'on fait une chose sans interruption, et *de*, lorsqu'on veut exprimer qu'on la fait avec interruption, en la reprenant de temps en temps ; on doit donc dire : Continuez à bien vivre, parce qu'on ne doit pas cesser de bien vivre ; et continuez de vous former le style, plu- tôt qu'à vous former le style, parce que le travail nécessaire pour se former le style est évidem- ment interrompu et repris.

20. *Empêcher.* Quand ce verbe a pour régime direct un nom ou un pronom de personne, il faut employer la préposition *de* et l'infinitif, et non pas la conjonction *que* et le subjonctif ; ainsi au lieu de dire : Je ne vous empêcherai pas que vous veniez, il faut dire : Je ne vous empêcherai pas de venir.

Ce verbe demande le régime direct de la personne ; on dira donc : On nous empêche d'entrer, ou bien encore, on nous interdit l'entrée, l'accès de cette maison ; mais on ne dirait pas : On nous empêche l'accès de cette maison, parce que *nous* est ici pour *à nous* ; il faut se servir du verbe *interdire* ou du verbe *défendre*.

21. *C'est à vous à, c'est à vous de.* C'est à vous à, disent les grammairiens, éveille l'idée de tour : C'est à vous à parler après moi ; et c'est à vous de, éveille une idée de droit ou encore une idée de devoir : C'est au maître de parler et au disciple d'écouter.

22. *Laisser.* Quand ce verbe est employé sans la négation et qu'il a la préposition *à* pour régime indirect des personnes, il demande *à* avant les verbes : Je vous laisse à penser s'il profita de l'occasion ; employé avec la négation, laisser régit *de* : Il ne faut pas laisser d'aller son chemin. L'usage veut qu'on supprime le *que ;* conséquemment ce serait une faute que de dire, il ne laissa pas que de boire.

23. *Manquer.* Dans le sens de ne pas faire ce qu'on doit à l'égard de quelqu'un ou de quelque chose, ce verbe régit *à* : On mésestime celui qui manque à remplir ses devoirs.

Dans le sens d'omettre ou d'oublier de faire quelque chose, manquer régit *de* : Les malheureux n'ont jamais manqué de se plaindre.

Enfin dans le sens de faillir, être sur le point, on met aussi la préposition *de*, quoique le sens soit affirmatif : Il a manqué de tomber.

24. *Obliger*. Lorsque obliger est employé dans le sens de rendre service, faire plaisir, il ne veut être suivi que de la préposition *de* : Vous m'obligerez beaucoup de me recommander à mes juges. Avec le passif, *de* est également la préposition que l'on doit préférer : Ces demoiselles sont obligées de se réveiller de bonne heure. Observez que quand être obligé ne marque qu'un devoir moral, il se dit des personnes et non pas des choses ; ainsi, quoique l'on dise on est obligé d'obéir aux lois divines et humaines, on ne dira pas la jeunesse est obligée d'avoir du respect pour les personnes âgées, mais la jeunesse doit avoir du respect, ou bien un jeune homme est obligé d'avoir, etc.

25. *Tâcher*. Ce verbe prend *à*, quand il signifie viser à : Il tâche à m'embarrasser. Mais lorsque tâcher exprime les efforts que l'on fait pour venir à bout de quelque chose, il prend *de* : Je tâcherai de le satisfaire.

THÈME CACOLOGIQUE.

Il ne faut pas se plaindre de ce que la fortune soit si souvent inconstante 1 ; c'est qu'il lui plaît favoriser ceux qu'elle veut et leur donner ce qu'il leur plaît 2. Ne portez pas envie aux richesses 3, enviez plutôt les hommes vertueux 3. La sobriété fait qu'on est toujours bien portant 4. Pour éviter les discussions ennuyeuses, rangez-vous de l'opinion de tout le monde 5 ; rangez-vous aussi au parti le plus sage 5. Je me rappelle des services qu'on m'a rendus et j'oublie les sottises qu'on m'a faites 6. Il est du devoir des autorités de rétablir le désordre 7, mais il faut réunir la sévérité à la justice 8. Je songe des choses avantageuses des enfans studieux 9. Un écolier laborieux soupire toujours sa classe 10. Les qualités du cœur suppléent celles de l'esprit 11. Les apôtres furent tous renversés et tombèrent à terre 12. L'avocat a bien traité mon affaire 13, mais les juges en ont encore mieux traité 13. Je connais une personne dont l'indolence sera le bourreau, car je ne sais ce qu'elle vise 14. Méfiez-vous de celui qui n'y voit goutte 15; ses coups sont terribles. Il faut accoutumer les enfans de faire de bonnes actions 16. Je défie le plus habile écrivain d'écrire, et là nous verrons ses talens 17. Je vous défie, monsieur, à parler correctement si vous ne connaissez pas la grammaire 17. On ne doit pas s'efforcer de porter des fardeaux trop lourds 18. Continuez de bien vivre si vous voulez être estimé 19. On doit empêcher aux jeunes gens la lecture des romans 20. C'est au maître à parler 21 et c'est aux élèves d'écouter 21. Cependant ils ne laissent pas que d'être très-distraits 22. Les malheureux ne manquent jamais à se plain-dre 23. La civilisation est obligée de marcher en avant 24. Croyez que je tâche de faire quelque chose d'avantageux à l'enseignement 25.

IXᵉ LEÇON.

EMPLOI DES PRÉPOSITIONS, DES CONJONCTIONS, DES
ADVERBES ET DES INTERJECTIONS.

1. Lorsque deux prépositions ne demandent pas le même régime, il faut répéter les substantifs qu'elles régissent; on dit bien *celui qui écrit pour ou contre un parti est un homme méprisable*, mais on ne dirait pas *celui qui écrit en faveur et contre un parti*, parce que *en faveur* doit être suivi de *de*, et *contre* le rejette.

2. *Hors, vis-à-vis, en face, proche, près.* Ces prépositions doivent être suivies de *de*, excepté dans le style familier; on dit bien près l'arsenal, hors la porte St-Antoine, mais on ne dirait pas il est hors le danger.

3. *Dans, sur, sous, hors,* se répètent lorsque les substantifs ont entr'eux un sens opposé. On dit bien dans la mollesse et l'oisiveté, mais on ne dirait pas dans la ville et la campagne ; il faut dire dans la ville et dans la campagne.

4. *Dessus, dessous, dedans, dehors.* Ces mots sont quelquefois prépositions et quelquefois adverbes.

Ils sont prépositions et peuvent alors être accompagnés d'un régime,

1° Quand on met ensemble les deux opposés, et qu'on ne place le nom qu'après le dernier : Je l'ai cherché dedans et dessous la table ;

2° Quand ils sont précédés des prépositions *de, à, par,* et presque toujours alors ils sont suivis de la préposition *de* : La faveur met l'homme au-dessus de ses égaux. Excepté ces deux cas, *dessus, dessous, dedans, dehors,* sont de véritables adverbes, qui ne sauraient être accompagnés d'un régime.

5. *Autour, alentour. Autour* est une préposition qui veut un régime : Autour de la place ; on dit aussi tout autour sans régime, mais *alentour* ne doit pas avoir de régime.

6. *Avant, devant, auparavant, durant, avant de. Avant* est pour l'ordre des temps ; *devant* est pour l'ordre des places ; l'un est opposé à *après,* l'autre à *derrière.* Nous venons après les personnes qui viennent avant nous. Nous allons derrière celles qui passent devant. *Auparavant* est un adverbe qui ne veut point de régime. *Durant* s'emploie quelquefois après le régime : Sa vie durant. *Avant de.* Doit-on préférer *avant de* ou *avant que de* ? L'usage a prévalu en faveur de l'expression *avant de* ; et Vailly, Levizat, Domergue, regardent même comme une faute l'autre expression.

7. *Auprès de*, *au prix de*. *Au prix de* doit être préféré lorsqu'on veut parler du mérite réel de deux objets : Le cuivre est vil au prix de l'or.

On doit préférer *auprès de*, lorsqu'on entend parler ni de prix, ni de valeur : Cette femme si brune est blanche auprès d'une négresse.

8. *En*, *dans*, *à*. *En* marque un sens vague et indéterminé ; *dans*, un sens précis et déterminé ; *à* exprime aussi un sens précis ; mais il exprime la situation, au lieu que *dans* marque l'intériorité. On dira : J'ai vécu en Italie. Je vais à Paris. Ce livre est dans la bibliothèque.

9. Il y a cette différence entre *il arriva en huit jours*, et *il arriva dans huit jours*, que la première phrase signifie qu'il sera huit jours en chemin, au lieu que la seconde veut dire qu'il sera arrivé le huitième jour, quel que soit d'ailleurs le nombre de jours qu'il mettra ou qu'il aura mis à faire la route.

10. *En ville*, *à la ville*. Quand on dit d'une personne qu'elle est en ville, c'est dire qu'elle n'est pas chez elle, et il faut que la personne qui parle soit dans la ville ; dire qu'elle est à la ville, c'est dire qu'elle est à la ville pour séjour, ou qu'elle y est pour ses affaires, et il faut que la personne qui parle soit à la campagne.

11. *En campagne*, *à la campagne*. M. Chapsal est d'avis que l'on doit dire d'un négociant qui a quitté la ville pour ses plaisirs : Il est à la campagne, et de ce même négociant qui est sorti de la ville pour ses affaires, pour voyager : Il est en campagne ; mais il vaut mieux dire il est en voyage. On dit en campagne lorsqu'on parle du mouvement d'une armée : Les troupes sont en campagne.

12. *Malgré*, *malgré que*. *Malgré* régit les noms sans le secours d'une autre préposition : Il est sorti malgré la grêle. *Malgré que* n'est plus d'usage qu'avec le verbe *avoir* précédé de la préposition *en* ; ainsi l'on dit malgré qu'il en ait.

13. *Parmi.* Cette préposition ne s'emploie qu'avec un pluriel indéfini qui signifie plus de deux, ou avec un singulier collectif, ou avec tout ce qui donne une idée de confusion : Parmi de grandes vertus, il y a souvent de grands défauts.

14. *Voici, voilà. Voici* désigne une chose qu'on va dire ou faire, et *voilà*, une chose faite ou dite.

15. *Près de, prêt à. Près* est une préposition qui signifie *sur le point de*, et *prêt* est un adjectif qui signifie *disposé à.* Ensuite *près* doit être suivi de la préposition *de*, et *prêt* de la préposition *à.* On dit près de tomber, et prêt à partir.

16. *A travers, au travers. A travers* est toujours suivi du régime direct, et *au travers* veut la préposition *de* : On ne voyait le soleil qu'à travers les nuages. On voit le jour au travers des vitres.

17. *Aussi, si, plus, autant*, doivent se répéter avant chaque adjectif, chaque verbe ou chaque adverbe qu'ils modifient : Il est si sage, si bon, qu'il n'a pas son pareil ; plus il est aimé, plus il est heureux.

Les adverbes *aussi, si, autant, tant*, employés comme adverbes comparatifs, demandent *que* après eux, et jamais *comme* : Vous ne devez autant que lui, et non autant comme à lui. Si le verbe a un temps composé, alors on place l'adverbe entre l'auxiliaire et le participe : Il a toujours aimé la vertu.

18. *Davantage.* C'est une faute grossière d'employer *davantage* pour *le plus*, et de dire du vice et de la vertu : C'est cette dernière qui me plaît *davantage*; dites qui me plaît le plus.

19. *Tout d'un coup, tout-à-coup. Tout d'un coup* désigne une chose faite d'un seul coup : Il gagna dix mille francs tout d'un coup. *Tout-à-coup* désigne une chose faite soudainement : Cette maison tomba tout-à-coup.

20. *Environ de* n'est pas français : Il était environ deux heures, et non pas environ de deux heures. Ne dites pas environ cinq ou six hommes.

On ne dit pas cinq à six hommes comme on dit cinq à six heures, parce que homme n'est pas divisible.

21. *Guère.* Cet adverbe ne s'emploie jamais sans être précédé de la négative : Il n'y a guère de gens tout-à-fait désintéressés. Il ne faut jamais dire *de guère*, à moins qu'il n'y ait comparaison.

22. *Peut-être.* C'est une faute de mettre le verbe pouvoir avec peut-être ; cette phrase est incorrecte : Peut-être pourrai-je venir à bout de mon dessein.

Cette remarque sur *peut-être* s'applique aux locutions *il est possible, il est impossible* ; on ne dira pas : Il est impossible qu'il puisse réussir.

23. *Non plus.* On dit : Vous ne voulez pas, je ne le veux pas non plus ; et non pas je ne le veux pas aussi.

24. *De suite, tout de suite.* De suite signifie l'un après l'autre, sans interruption, et se dit aussi du rang que les choses doivent tenir : Il a marché deux heures de suite.

Mais *de suite*, précédé de l'adverbe *tout*, signifie *incontinent* : Il faut que les enfans obéissent tout de suite.

25. *Ne.* Dans les comparatifs d'égalité, le *que* n'est jamais suivi de *ne* : Je n'ai pas tant de crédit que vous l'imaginez.

26. *De peur que, de crainte que, à moins que, ni, aucun, personne, rien, jamais,* se combinent avec *ne* lorsqu'ils ne sont point construits avec *sans que*, expression qui rejette la négation : Que faire en un gîte, à moins que l'on ne songe ?

27. *Désespérer, disconvenir,* demandent tous deux la négation, dans la proposition subordonnée : On ne désespérait pas que vous ne devinssiez riche.

28. *Douter.* Si douter est négatif, il veut *ne* dans la proposition subordonnée :

Ne doutez point, seigneur, que ce coup ne le frappe,
Qu'en reproches bientôt sa douleur ne s'échappe.

29. *Craindre, avoir peur.* La proposition subordonnée de craindre, avoir peur de, trembler, appréhender, est toujours négative : Je crains, je tremble, j'appréhende qu'il n'arrive pas. Je ne crains, je ne tremble, je n'appréhende pas qu'il n'arrive pas.

30. *Prendre garde.* Si prendre garde signifie prendre ses mesures, cette phrase veut la négation : Prenez garde que cela n'arrive ; si elle signifie remarquer, elle rejette la négation : Prenez garde qu'on vous dit la vérité.

31. *Comme.* Les conjonctions se répètent avant les mots qui servent à lier ; mais la conjonction *comme*, employée au premier membre d'une phrase, ne se répète pas au second : Comme il était très-habile homme, et que ses sentimens tenaient lieu de loi... Au lieu de et comme, etc.

32. *Crainte de, de crainte de, de crainte que. Crainte de* s'emploie avant un nom : Crainte d'accident ; *de crainte de, de crainte que,* s'emploient avant un verbe : Ne nous livrons pas trop, de crainte qu'on ne nous trompe.

33. *Et.* la conjonction *et* ne doit joindre que des mots semblables ; on dit : Louis XII fut roi et père de son peuple, mais l'on ne dirait pas : Louis XII fut prudent et père de son peuple.

34. *Quoique.* Cette conjonction ne doit point s'unir à des participes présens ; on ne dit pas : Quoique ayant beaucoup affaire, mais bien quoique j'aie, etc.

Cette conjonction ne doit pas non plus régir des participes privés du verbe auxiliaire ; on ne doit pas dire : Quoique accoutumés aux scènes, il faut quoique nous soyons accoutumés, etc. *Quoique* ne doit pas être suivi d'un *que*, ni se répéter dans un même membre.

35. *Plus, mieux, moins, autant,* placés au commencement de deux membres de phrase, ne doi-

vent pas être unis par la conjonction *et*; on ne dit pas: Plus on lit Racine et plus on l'admire. La conjonction *et* est de trop.

36. *Ah! ha!* Le premier exprime la joie, la douleur: Ah ! quel plaisir ! ah ! que je souffre ! le second exprime la surprise et l'étonnement : Ha! vous voilà!

37. *Oh! oh! O.* Le premier exprime la surprise ou l'affirmation: Oh ! pour le coup j'avais tort; le second marque aussi la surprise, l'étonnement, et sert à appeler : Ho! que faites-vous là ? le troisième sert à marquer les grandes passions : O mon fils, dans quel abîme êtes-vous tombé !

38. *Hé, et.* Le premier, *hé* ou *eh*, sert à exprimer les mouvemens de l'ame : Je l'ai vu, mais trop tard ; eh! qui aurait pu croire qu'il fût coupable d'un meurtre ! Le second est conjonction servant à lier : Vous et moi.

39. On met une lettre majuscule au commencement d'une phrase, d'un vers, d'un nom propre et d'une science.

THÈME CACOLOGIQUE.

Les remèdes ne peuvent point être employés indifféremment à l'égard et pour tous les hommes 1. Cet homme a été mis hors cour en procès 2. La patrie a des droits sur nos talens, nos valeurs et nos actions 3. J'ai cherché mon papier sur et sous la table 4. Mon jardin est alentour de ma maison 5. Il faut payer ses dettes auparavant que de faire des aumônes 6. L'intérêt n'est rien au prix du devoir 7. Le cuivre est vil auprès de l'or 7. Je vous trouverai en rue Saint-Antoine 8. Mon frère est parti depuis un mois; il arrivera en huit jours 9, il est allé en ville 10 et en campagne 10; je n'ai pu le retenir, malgré que j'aie fait tous mes efforts 11. On trouve quelquefois le regret parmi le plaisir 12. On ne connaît l'importance d'unebonne action que quand on est prêt à l'exécuter 14. Heureuse l'ame qui passe à travers des choses créées sans s'y arrêter 15. Il est si instruit et si sage qu'il en est orgueilleux 16. Vous devez le respect aussi bien à votre maître comme à votre père 10. Voilà ce que je pense de la vie : souffrir et mourir 13. Ce qui me plaît davantage, c'est l'humanité 17. La lumière m'a apparu tout d'un coup 28. Il était environ de cinq à six heures quand cinq à six gendarmes nous atteignirent 19. Il n'y a guère de gens réellement vertueux 20. Peut-être pourrai-je devenir savant 21. Vous ne voulez pas travailler, je ne le veux pas aussi 22. Je m'empresse de répondre de suite à votre lettre 23. Je n'ai pas tant d'ouvrage que vous ne le croyez 24. Vous ne vous instruirez pas, à moins que vous étudiez 25. On désespère que vous deveniez sage 26. Ne doutez pas que je fasse mes efforts pour vous plaire 27. Je crains que les hommes se pervertissent 28. Remarquez, monsieur, prenez garde qu'on ne vous trompe 29. Comme je n'aime pas les menteurs, et comme je sais que vous l'êtes, c'est pour cela que je ne vous aime pas 31. Je ne m'embarque pas souvent, crainte qu'il m'arrive un malheur 32. Louis XIV était juste et protecteur du faible 33. Quoiqu'ayant besoin d'instruction, je reste ignorant 34. Plus on étudie et plus l'on s'instruit 35. Oh ! que je souffre de voir tant d'injustice 36 ! J'ai étudié la grammaire à paris 39.

Xe LEÇON.

DE LA PONCTUATION.

La ponctuation est l'art d'indiquer dans l'écriture, par des signes reçus, les pauses que l'on doit faire en lisant ; elle sert surtout à distinguer les sens partiels qui constituent un discours, et la différence des degrés de subordination qui conviennent à chacun de ces sens.

Les caractères actuels de la ponctuation, sont : la virgule (,) ; le point virgule (;) ; les deux points (:) ; le point interrogatif (?) ; le point exclamatif ou admiratif (!) ; le trait de séparation (—) ; les points suspensifs (......) ; le guillemet (») et l'alinéa.

La ponctuation se règle, 1° sur le besoin de respirer ; 2° sur la distinction des sens particls qui constituent les propositions totales ; 3° sur les différens degrés de subordination qui conviennent à chacun de ces sens partiels, dans l'ensemble d'une proposition ou d'une période.

1. La virgule indique la moindre de toutes les pauses, une pause presque insensible. On l'emploie pour séparer entre elles les parties semblables d'une même phrase ; savoir :

Les sujets se rapportant au même verbe :

La richesse, le plaisir, la santé, deviennent des maux pour qui ne sait pas en user.

2. Si deux parties semblables d'une même phrase, c'est-à-dire, deux sujets ou deux attributs, deux régimes ou deux propositions de la même nature, sont liées par une des conjonctions *et*, *ni*, et que les deux ensemble n'ex-

cèdent pas la portée commune de la respiration , la conjonction suffit pour marquer la diversité des parties, et alors la virgule est inutile : Un style toujours noble et rapide distingue les écrits de Bossuet.

3. Si les deux parties semblables réunies par la conjonction ont une certaine différence et une certaine étendue, alors, nonobstant la conjonction, il faut faire usage de la virgule dans les membres d'une période ou dans les différentes parties d'une phrase ; le besoin de respirer fait aussi la loi :

> Je porte un cœur sensible, et suis épouse et mère.
> Le sort fait les parens, le choix fait les amis.

4. Si une proposition est simple et sans inversion, et que l'étendue n'excède pas la portée commune de la respiration , elle doit s'écrire de suite sans aucun signe de ponctuation :

La tendresse d'une mère est le chef-d'œuvre de l'amour.

5. Avant et après toute réunion de mots, ou tous mots qu'on peut retrancher sans dénaturer le sens de la phrase, tels sont les sujets logiques, les propositions incidentes, explicatives, le complément terminatif, le sujet circonstanciel qui expriment une circonstance dont le verbe peut à la rigueur se passer ; exemple : Le plaisir de soulager un infortuné, est un remède sûr contre la peine que nous fait sa présence. Les passions, qui sont les maladies de l'ame, ne viennent que de notre révolte contre la raison. Sont-ce là, ô Télémaque, les pensées qui doivent occuper le cœur du fils d'Ulysse ?

> Les Bosphore m'a vu, par de nouveaux apprêts,
> Ramener la terreur au fond de ses marais.

Le style de Bossuet, toujours noble et rapide, étonne et entraîne.

6. La virgule s'emploie aussi pour remplacer le verbe qui est sous-entendu dans le second membre de la phrase :

On a toujours raison, le destin, toujours tort.

La virgule remplace ici le verbe *a*.

L'éloge de Démosthènes revient sous la plume de Cicéron, comme l'éloge de Racine, sous la plume de Voltaire, sous-entendu revient, suppléé par la virgule qui est mise après Racine.

7. Le point-virgule marque une pause plus forte que la virgule.

Lorsque les parties semblables d'une proposition, ou les membres d'une periode, ont d'autres parties subdivisées par la virgule, pour quelqu'une des raisons énoncées plus haut, ces parties semblables ou ces membres doivent être séparés les uns des autres par un point-virgule :

Platon et Cicéron, chez les anciens ; Clarck et Leibnitz, chez les modernes, ont prouvé métaphysiquement et presque géométriquement, l'existence du souverain être.

Lorsque plusieurs propositions incidentes sont accumulées sur le même antécédent, et que toutes ou quelques-unes d'entre elles sont subdivisées par des virgules, il faut les séparer les unes des autres par un point-virgule :

Politesse noble qui sait approuver sans fadeur, louer sans jalousie, railler sans aigreur ; qui saisit les ridicules avec plus de gaieté que de malice ; qui jette de l'agrément sur les choses les plus curieuses.

Pour séparer les parties principales de toute énumération dont les parties subalternes exigent la virgule.

On dit de Lamothe : Il voulait rire comme Lafontaine; mais il n'avait pas la bouche faite comme lui.

8. Les deux points expriment un repos encore plus considérable que le point-virgule.

On les emploie après une phrase finie, mais suivie d'une autre qui l'éclaircit, ou qui sert à la développer :

> Faisant d'un doux loisir ses plus chères délices ,
> Plaignant les vicieux et détestant les vices :
> Voilà le philososophe ; et , s'il n'est ainsi fait ,
> Il usurpe un beau titre , et n'en a pas l'effet.

Après une proposition qui annonce une énumération : Il y a dans la nature de l'homme deux principes opposés : l'amour propre qui nous rappelle à nous , et la bienveillance qui nous répand.

Et avant la proposition qui est précédée d'une énumération :

> Du lait , du pain , des fruits , de l'herbe , une onde pure :
> C'était de nos aïeux la saine nourriture.

On met les deux points après qu'on a annoncé un discours direct qu'on va rapporter.

Pythagore a dit : Mon ami est un autre moi-même.

9. Le point marque le repos le plus complet. On en distingue trois sortes : le point simple, le point interrogatif, et le point admiratif ou exclamatif. On met le point simple à la fin de toutes les phrases qui ont un sens tout-à-fait indépendant de ce qui suit , ou du moins qui n'ont de liaison avec la suite que par la convenance de la matière , et l'analogie générale des pensées dirigées vers une même fin :

> Le travail est souvent le frère du plaisir.
> Je plains l'homme accablé du poids de son loisir.

10. Le point interrogatif n'indique pas une pause plus grande que les deux points , que le point vir-gule , que la virgule même , selon l'étendue des phrases , et le degré de liaison qu'elles ont entre

elles ; il se met à la fin de toute proposition qui interroge, soit qu'elle soit pleine ou elliptique :

Qu'y a-t-il de plus beau que l'univers ? Si la phrase interrogative n'est pas directe, et que la forme en soit rendue dépendante de la construction grammaticale d'une proposition principale qui précède, on ne doit pas mettre le point interrogatif : Mentor demanda ensuite à Idoménée, quelle était la conduite de Protésilas dans le changement des affaires.

11. Le point exclamatif termine toutes les phrases qui expriment la surprise, la terreur, la pitié, la tendresse ou quelque autre sentiment que ce puisse être, et se place immédiatement après l'exclamation : Heureux qui sait mêler l'agréable à l'utile ! Hélas ! on ne craint pas qu'il venge un jour son père. O ne reçoit point d'exclamation.

12. On met des points suspensifs après une phrase qui exprime de grands mouvemens de passion, ou qui laisse des mots sous-entendus :

> . . . . . Tu vas ouïr le comble des horreurs :
> J'aime.... A ce nom fatal je tremble, je frissonne....
> J'aime..... mais ne crois pas....

13. Le trait de séparation est, quant à la forme, semblable au trait d'union (—) ; il s'emploie pour éviter la répétition de dit-il, répond-il, et pour annoncer le changement d'interlocuteur.

Exemple : D'où viens-tu ? — de Paris. — Qu'as-tu vu ? des hommes de toutes espèces.

14. Le guillemet est une espèce de caractère qui représente deux sortes de virgules assemblées ; on le met avant le premier mot et avant chaque ligne d'un discours cité :

> Je lui tins ce langage :
> « Retire-toi, coquin, vas pourrir loin d'ici ;
> » Il ne t'appartient pas de m'approcher ainsi. »

15. Ecrire alinéa ou à la ligne, c'est abandonner la ligne où l'on vient de terminer une phrase,

quoique cette ligne ne soit pas remplie, et recommencer la phrase qui suit au commencement de la ligne suivante, laquelle, pour devenir plus sensible, rentre un peu en dedans, comme on le voit au mot écrire. Tous les vers doivent commencer une ligne.

THÈME CACOLOGIQUE.

Les plaisirs de l'esprit la tranquilité de l'ame la joie la satisfaction intérieure se trouvent aussi souvent à la suite d'une médiocre fortune que dans le cortége des rois 1 Un malheureux est une chose sacrée 4 La vraie punition d'un scélérat est sa conscience 4 La gloire des hommes se doit toujours mesurer aux moyens dont ils se sont servis pour l'acquérir 5

J'ai vécu j'ai bien fourni la carrière que le sort m'avait tracée 8 Peut-on regarder le ciel et contempler ce qui s'y passe sans voir avec toute l'évidence possible qu'il est gouverné par une suprème par une divine intelligence Il voulait rire comme Lafontaine mais il n'avait pas la bouche faite comme lui 7 Il parle de ce qu'il ne sait il ne dit pas ce qu'il veut faire Qu'y a-t-il de plus beau que la vertu et de plus fort que la nécessité 10 Hélas que de bonheur dans un cœur vertueux 11

Grand Dieu j'ai vu 12 sans mourir de douleur
J'ai vu 12 siècles futurs vous ne le pourrez croire
Ah j'en frémis encor de dépit et d'horreur
J'ai vu 12 mon verre plein et je n'ai pu le boire
Ne diras-tu jamais C'est assez jouissons 10
Je le ferai dit-il Mais quand donc Dès demain
        Jouis dès aujourd'hui
    La mort peut te prendre en chemin 13
        Si tous les administrateurs
        Pouvaient dire Partout
    dans mon pays on me chérit on m'aime
Je ne vois pas mon peuple à mon nom s'allarmer 14 Le ciel
    dans ses clameurs ne m'entend point nommer 15

BARBARISMES.

PREMIÈRE LEÇON.

<table>
<tr><td>BARBARISMES:</td><td>MOTS FRANÇAIS.</td></tr>
<tr><td>*Abajoux*, partie de la tête du cochon,</td><td>*bajoue.*</td></tr>
<tr><td>*Aculer*, se dit des souliers qui s'abaissent,</td><td>*éculer.*</td></tr>
<tr><td>*Affranchissage*, payer l'affranchissage
d'une lettre,</td><td>*affranchissement.*</td></tr>
<tr><td>*Agacin*, espèce de calus ou de dureté,</td><td>*cor.*</td></tr>
<tr><td>*Airé*, qui est en plein air,</td><td>*aéré.*</td></tr>
<tr><td>*Ais à chapler*, petite table pour hâcher,</td><td>*hâchoir.*</td></tr>
<tr><td>*Ambre*, arbrisseau,</td><td>*osier.*</td></tr>
<tr><td>*Anche*, tuyau de bois qu'on met aux cuves,</td><td>*canelle.*</td></tr>
<tr><td>*Angoise*, grande affliction d'esprit,</td><td>*angoisse.*</td></tr>
<tr><td>*Angola*, sorte de chat,</td><td>*angora.*</td></tr>
<tr><td>*Anille*, sorte de bâton,</td><td>*béquille.*</td></tr>
<tr><td>*Ansière*, partie supérieure d'un vase,</td><td>*anse.*</td></tr>
<tr><td>*Antipotes*, habitans diamétralement opposés,</td><td>*antipodes.*</td></tr>
<tr><td>*Ape*, morceau de fer,</td><td>*clou à patte.*</td></tr>
<tr><td>*Aponse*, pièce qu'on ajoute à une robe,</td><td>*allonge.*</td></tr>
<tr><td>*Apostiche*, objet artificiel, ajouté après,</td><td>*postiche.*</td></tr>
<tr><td>*Apparer*, être dans la disposition de recevoir,</td><td>*recevoir.*</td></tr>
<tr><td>*Apposer*, sur quelque chose,</td><td>*appuyer.*</td></tr>
<tr><td>*Arboriste*, celui qui vend des simples,</td><td>*herboriste.*</td></tr>
<tr><td>*Arbouillures*, levures sur la peau,</td><td>*échauboulures.*</td></tr>
</table>

IIᵉ LEÇON.

<table>
<tr><td>*Arçon* de berceau,</td><td>*archet.*</td></tr>
<tr><td>*Arechal*, sorte de fer,</td><td>*archal.*</td></tr>
<tr><td>*Argeolet*, petit bouton sur l'œil,</td><td>*orgueilleux.*</td></tr>
<tr><td>*Assassineur*, qui a commis un assassinat,</td><td>*assassin.*</td></tr>
<tr><td>*Asthme*, homme gêné dans sa respiration,</td><td>*asthmatique.*</td></tr>
<tr><td>*Auberge* (1), sorte de fruit,</td><td>*alberge.*</td></tr>
</table>

---

(1) Quoique ce mot soit français, il devient barbarisme dans le sens qu'il est employé ici.

BARBARISMES.	MOTS FRANÇAIS.
Auteron, élévation,	*hauteur.*
Avanglé, qui mange beaucoup,	*avide.*
Bacha, pierre pour recevoir l'eau,	*auge.*
Bachut, petit bateau pour les poissons,	*banneton.*
Bagard, grand bruit,	*bagarre.*
Bague d'oreille,	*boucle d'oreille.*
Baïard, qui sert à transporter,	*civière.*
Bailler aux corneilles,	*bayer aux corneilles.*
Balan (en) être sur le point de...	*en balance.*
Balayette, diminutif de balai,	*petit balai.*
Balier, nettoyer avec un balai,	*balayer.*
Balle, panier d'osier,	*manne.*
Bambanne, homme paresseux,	*indolent.*
Bancanne, qui a les jambes tortues,	*bancal.*

IIIe LEÇON.

Baricolé, peint de diverses couleurs,	*bariolé.*
Barracan, sorte de gros camelot,	*bouracan.*
Barbot, plante qui croît dans les blés,	*bluet.*
Barbouillon, mauvais peintre,	*barbouilleur.*
Bardannière, pour prendre les punaises,	*claie.*
Bardoire, sorte d'insecte volant,	*hanneton.*
Bareille, sorte de tonneau,	*barrique.*
Barte, pan d'habit,	*basque.*
Batillon, instrument de bois pour laver,	*battoir.*
Batture, où il y a des coups donnés,	*batterie.*
Baucher une boule,	*tirer.*
Becasson, sorte de bécassine,	*bécasseau.*
Beque-fit, petit oiseau,	*bec-figue.*
Bèche, petit bateau,	*batelot.*
Béchée, ce qu'un oiseau prend au bec,	*becquée.*
Bège, linge brun,	*bis.*
Belsamine, fleur,	*balsamine.*
Bennier, artisan qui fait des boisseaux,	*boisselier.*
Belalouret, instrument pour percer les tonneaux,	*foret.*
Benot, vase de bois,	*banneau.*

IVe LEÇON.

Bergère, petit oiseau,	*bergeronnette.*
Besson, enfant né avec un autre à la fois,	*jumeau.*
Bétar, qui est fort bête,	*bêta.*
Bicler, regarder louche,	*bigler.*
Bileux, qui abonde en bile,	*bilieux.*

BARBARISMES.	MOTS FRANÇAIS.
Bisaigre, vin aigre,	*bissaigre.*
Borgnasse, femme borgne,	*borgnesse.*
Borgnon, aller à borgnon,	*à l'aveuglette.*
Boucharle, petit bouton sur les lèvres,	*aphte.*
Bougeon, enfant qui remue toujours,	*remuant.*
Bourle, espèce d'enflure,	*bosse.*
Bourreu, pluie froide,	*brouée.*
Bousillon, qui gâte son ouvrage,	*bousilleur.*
Boutasse, lieu où l'on amasse l'eau,	*mare.*
Bouvari, terme de chasseur,	*hourvari.*
Brame, sorte de poisson,	*brême.*
Branlière, espèce d'escarpolette,	*brandilloire.*
Brelue, sorte d'éblouissement,	*berlue.*
Bresibille, dissension, querelle,	*bisbille.*
Bretagne, pièce de fonte,	*plaque.*

V° LEÇON.

Brignon, espèce de pêche,	*brugnon.*
Brillant, oiseau qui a le bec gros et court,	*bruant.*
Broche de bas,	*aiguille.*
Brot, ce que les jeunes taillis poussent,	*brout.*
Brouillard d'une lettre,	*brouillon.*
Brouillasser, petite pluie,	*bruiner.*
Buchettes, petits bâtons pour jouer,	*jonchets.*
Bucler un cochon,	*griller.*
Bugnet, sorte de gâteau,	*beignet.*
Buyanderie, lieu pour faire la lessive,	*buanderie.*
Buyandière, femme qui lave la lessive,	*lavandière.*
Cabosser, déformer,	*bossuer.*
Cacaphonie, son désagréable,	*cacophonie.*
Cache-maille, petit vaisseau de terre,	*tire-lire.*
Cafard, insecte hideux,	*blatte.*
Calomandre, étoffe de lin,	*calmande.*
Camelotte, action de frauder les droits,	*contrebande.*
Caneçon, sorte de culotte de coton,	*caleçon.*
Carquelin, espèce de gâteau,	*craquelin.*
Carville, sorte de pomme,	*calville.*

VI° LEÇON.

Casson, espace de terre où l'on fait venir des fleurs,	*planche.*
Castonnade, sucre qui n'est pas raffiné,	*cassonnade.*
Cataplame, espèce d'emplâtre,	*cataplasme.*
Catarate, tumeur amassée sur l'œil,	*cataracte.*
Catolle, sorte de tourniquet en bois,	*berloir.*

BARBARISMES.	MOTS FRANÇAIS.
Catons, plusieurs parties qui s'amalgament,	*grumeaux.*
Cavon, petite cave,	*caveau.*
Ceinturonnier, marchand de baudriers,	*ceinturier.*
Cercifi, racine bonne à manger,	*salsifis.*
Cermille, plante potagère,	*cerfeuil.*
Chaillote, espèce d'ail,	*échalotte.*
Chaircutier, celui qui vend du cochon,	*charcutier.*
Chambucle, maladie des blés,	*nielle.*
Chanée, tuyau qui contient les eaux,	*cheneau.*
Chapoter, donner des coups,	*frapper.*
Charaffon, sorte d'échelle,	*rancher.*
Charbonaille, poussière de charbon,	*poussière.*
Charpène, sorte de bois,	*charme.*
Charri, gros drap,	*charrier.*
Chatagne, sorte de fruit,	*châtaigne.*

VIIe LEÇON.

Chauderon, petite chaudière,	*chaudron.*
Chaudier, celui qui fait de la chaux,	*chaufournier.*
Chauffette, boîte pour se chauffer,	*chaufferette.*
Chevillière, sorte de ruban,	*ruban de fil.*
Chipoteur, celui qui vétille,	*chipotier.*
Chirat, tas de pierres,	*amas.*
Chucheter, parler,	*chuchoter.*
Cierger, ouvrier qui fait des cierges,	*cirier.*
Clapir, son aigre d'un chien,	*glapir.*
Clavelées, cendre clavelée,	*gravelée.*
Clé, traîner sur la clé,	*claie.*
Cledar, ouverture d'un jardin,	*claire-voie.*
Clergeon, enfant qui sert la messe,	*enfant de chœur.*
Clin, paquet de paille,	*botte.*
Cocombre, espèce de fruit,	*concombre.*
Coître, lit de plume,	*couette* (vieux).
Colant, diamant que les femmes portent,	*coulant.*
Colaphane, résine pour frotter l'archet,	*colophane.*
Collidor, passage étroit d'un appartement,	*corridor.*
Confle, petite empoule sur la peau,	*vessie.*

VIIIe LEÇON.

Conséquent (1), qui est d'importance,	*considérable.*
Consulte, pour délibérer,	*consultation.*

---

(1) Dans ce sens il est barbarisme.

BARBARISMES.	MOTS FRANÇAIS.
Contrevention, action de contrevenir,	contravention.
Corée, ensemble du foie et du poumon,	fressure.
Corniolle, conduit des alimens,	œsophage.
Corporence, grosseur d'un homme,	corpulence.
Corsonnaire, sorte de racine,	scorsonère.
Cotivet, creux entre la tête et le chignon,	nuque.
Courle, sorte de plante,	courge.
Courle-bouteille, sorte de courge,	calebasse.
Courterolle, insecte qui mange les racines,	courtilière.
Crinser, faire presque brûler quelque chose,	gresiller.
Croasser, cri des grenouilles,	coasser.
Cuisage, action de cuire,	cuisson.
Curaille, milieu d'un fruit,	trognon.
Darte, bouton qui vient sur la peau,	dartre.
Décesser, faire continuellement une chose,	ne cesser.
Déchicoter, découper par morceaux,	déchiqueter.
Dédite, signifier à un locataire de sortir,	congé.
Déhonté, sans délicatesse,	éhonté.

IXe LEÇON.

Dépersuader, détourner d'une croyance,	dissuader.
Désagrafer, action de lâcher une agrafe,	dégrafer.
Désarroir, affaire mal en état,	désarroi.
Désondrer, objet qui sied mal à une personne,	déparer.
Devant que, sorte de conjonction,	avant que.
Disparution, action de ne plus paraître,	disparition.
Dorse, enveloppe de l'ail,	gousse.
Duelle, planche servant à faire un tonneau,	douve.
Durant que, sorte de conjonction,	pendant que.
Eberché, brèche faite à un couteau,	ébreché.
Echiffe, épine qui est entrée dans la chair,	écharde.
Ecosse de pois,	cosse.
Ecoupeau, morceau de bois fait avec le rabot,	copeau.
Eduquer, instruire un homme,	élever.
Egraffignure, action d'entamer la peau,	égratignure.
Elexir, sorte de liqueur,	élixir.
Emberlicoter (s'), se coiffer d'une opinion,	s'emberlucoter.
Emberner, salir de bran,	embrener.
Embêter, rendre bête,	hébêter.
Emboire, se dit du papier qui boit l'encre,	s'imbiber.

Xe LEÇON.

Embrouillamini, chose en désordre,	brouillamini.
Empare, barre de fer pour tenir les portes,	penture.

BARBARISMES.	MOTS FRANÇAIS.
Emparenter (*s'*), entrer dans une famille ,	*s'apparenter.*
Encatonner, se rendre en morceaux,	*grumeler.*
Enchant, coin d'un mur ,	*angle.*
En errière, manière de faire reculer,	*en arrière.*
Enfle, action d'un homme qui est enflé,	*enflé.*
Epogne, sorte de gâteau,	*galette.*
Equarier, action de rendre carré,	*équarrir.*
Equeville, ordure qu'on ôte avec le balai,	*balayure.*
Eripelle, maladie occasionnée par le sang ,	*érysipèle.*
Espadron, large épée,	*espadon.*
Esquilancie, maladie du gosier,	*esquinancie.*
Facié, qui a une jolie face,	*facé.*
Farbalas, espèce de bande d'étoffe plissée ,	*falbalas.*
Faïard, sorte de bois ,	*hêtre.*
Fenière, lieu où l'on serre le foin,	*fenil.*
Fermature, l'action de fermer ,	*fermeture.*
Ferratier , qui vend du vieux fer,	*ferronnier.*
Fête à Dieu, fête du Saint-Sacrement ,	*Fête-Dieu.*

XIe LEÇON.

Fiageole, sorte de légume,	*haricot.*
Fiageolet, instrument,	*flageolet.*
Fiarde, sorte de jouet,	*toupie.*
Filagramme, ouvrage d'orfèvrerie ,	*fligrane.*
Flamboise, petit fruit,	*framboise.*
Flamenter, action de mettre un remède chaud sur une douleur,	*fomenter.*
Flasque (1), objet pour mettre la poudre ,	*poire à poudre.*
Flêne, linge qui enveloppe l'oreiller,	*taie.*
Flotte de fil, petit paquet de fil ,	*écheveau.*
Foroncle, espèce de tumeur,	*furoncle.*
Fortuné (2), qui a du bien ,	*riche.*
Fourchu, pied fourchu,	*fourché.*
Franchipane, espèce de pâtisserie ,	*frangipane.*
Fricot, ce qu'on mange avec du pain ,	*mets.*
Frissure, réunion du foie, du poumon ,	*fressure.*
Fute, tonneau vide ,	*futaille.*
Galandage, mur en brique,	*briquetage.*
Gâte, ce fruit est gâte,	*gâté.*

---

(1) Ce mot est français , lorsqu'il est considéré comme adjectif, qui signifie *mou, sans force.*

(2) Ce mot est français , quand il signifie *heureux.*

BARBARISMES.	MOTS FRANÇAIS.
Gaviot de sarment,	*javelle.*
Géane, grande femme,	*géante.*

XIIe LEÇON.

Genévre, fruit du genevrier,	*genièvre.*
Gerle, grand vase de bois,	*cuvier.*
Gicler, faire gicler de l'eau,	*jaillir.*
Giffle, coup du plat de la main,	*soufflet.*
Gigauder, remuer les jambes,	*gigoter.*
Gisier, ventricule des oiseaux,	*gésier.*
Gobille, boule d'enfant,	*globule.*
Godiviau, sorte de pâté,	*godiveau.*
Gauderon, espèce de gomme,	*goudron.*
Grappin, ustensile de poêle,	*fourgon.*
Grêpe, oiseau aquatique,	*grèbe.*
Grèse, sorte de soie,	*grège.*
Gribouiller, écrire sans application,	*barbouiller.*
Grignoter, être transi de froid,	*grelotter.*
Grillet, sorte de plante,	*muguet.*
Grillet, sorte d'insecte,	*grillon.*
Grognon, chagrin, fâcheux,	*grogneux.*
Grole, vieux soulier,	*savate.*
Grotte de pain bénit,	*chanteau.*
Grotton, morceau de croûte,	*croûton.*

XIIIe LEÇON.

Guête, sorte de bas,	*guêtre.*
Guille, pour boucher un tonneau,	*fausset.*
Harpie, perche armée d'un crochet,	*gaffe.*
Heurler, cri d'un loup,	*hurler.*
Horchet, sorte de jeu,	*jonchet.*
Horrillon, coup sur les oreilles,	*horion.*
Houche, bois servant de registre,	*taille.*
Hypocondre, affecté de cette maladie,	*hypocondriaque.*
Indannité, action de dédommager,	*indemnité.*
Jambe rotte, marcher un pied en l'air,	*cloche-pied.*
Jour ouvrier, jour où l'on travaille,	*jour ouvrable.*
Lait de corps, substance molle d'un poisson,	*laitance.*
Lancées, piqûres d'un mal,	*élancement.*
Larmise, sorte de lézard,	*lézard gris.*
Laurelle, sorte de plante,	*lauréol.*
Lissieu, sorte d'eau,	*eau de lessive.*
Lissive, action de blanchir le linge,	*lessive.*
Lorret, sorte de pierre,	*liais.*

BARBARISMES.	MOTS FRANÇAIS.
Louette, morceau de chair dans la bouche,	*luette.*
Luce (*sainte*), sorte de bois,	*Sainte-Lucie.*

XIVe LEÇON.

Luquerne, ouverture sur les toits,	*lucarne.*
Mâchiller, mâcher avec négligence,	*mâchonner.*
Malgré que, sorte de conjonction,	*quoique.*
Mandrille, sorte de casaque,	*mandille.*
Manette, extrémité d'un instrument,	*anse.*
Manicle, morceau de cuir servant aux cordonniers,	*manique.*
Maniganterie, maison pour les enfans de chœur,	*manécanterie.*
Marchon, pièce de bois pour les tonneaux,	*chantier.*
Margotte, branche mise par terre,	*marcotte.*
Médecinal, qui tient de la médecine,	*médicinal.*
Melise, sorte de plante,	*mélisse.*
Melise, petite cerise,	*mérise.*
Membré, homme qui a de gros membres,	*membru.*
Menille, endroit où l'eau tourne,	*tournant d'eau.*
Mésentendu, action de ne pas s'entendre,	*malentendu.*
Messelier, celui qui garde les récoltes,	*messier.*
Messer-Jean, sorte de poire,	*Messire-Jean.*
Messi, expression abrégée de remercîment,	*merci.*
Mignottise, espèce d'œillet,	*mignardise.*
Mitte, gant de femme,	*mitaine.*

XVe LEÇON.

Moine, jouet d'enfant,	*sabot.*
Mordure, action de mordre,	*morsure.*
Mornain, sorte de raisin,	*chasselas.*
Mouchon, bout de la chandelle,	*moucheron.*
Mourve, excrément du nez,	*morve.*
Moutardelle, saucisson d'Italie,	*motardelle.*
Musiller, mettre une muselière au nez de quelques animaux,	*museler.*
Nerte, sorte d'arbrisseau,	*myrthe.*
Nioche, fille lâche,	*nonchalante.*
Nogat, espèce de gâteau,	*nougat.*
Nourriceux, mari d'une nourrice,	*nourricier.*
Nourrissage (1) d'un enfant,	*allaitement.*

---

(1) Ce mot est français, mais il ne se dit qu'en parlant des animaux.

BARBARISMES.	MOTS FRANÇAIS.
Onglet, ce qui garantit le doigt,	*doigtier.*
Oragan, sorte de tempête,	*ouragan.*
OEuillage, action de remplir un tonneau,	*remplage.*
Paohe, convention terminée,	*marché.*
Panégérique, discours à la louange de...	*panégyrique.*
Pantomine, sorte de ballet,	*pantomime.*
Parapel, mur le long d'un quai,	*parapet.*
Parasine, sorte de poix,	*poix-résine.*

XVIe LEÇON.

Paresol, objet qui garantit du soleil,	*parasol.*
Pariûre, action de parier,	*pari.*
Pati, le pati d'une poule,	*jabot.*
Pelosse, fruit d'un arbre,	*prunelle.*
Percerette, outil pour percer,	*vrille.*
Perdrigonne, sorte de prune,	*perdrigon.*
Pesanter, soutenir un poids,	*soupeser.*
Pétrière, coffre pour pétrir le pain,	*pétrin.*
Picarlat, petit faisceau de bois,	*cotret.*
Pichon, petit chien,	*bichon.*
Pigrièche, pie criarde,	*pie-grièche.*
Pillet, petite serviette d'un enfant,	*bavette.*
Pince, instrument pour arranger le feu,	*pincette.*
Pine-vinette, sorte d'arbrisseau,	*épine-vinette.*
Pipi, peau qui empêche aux oiseaux de boire,	*pépie.*
Pitrogner, écraser et broyer quelque chose,	*patrouiller.*
Plagier, se servir de l'expression d'un auteur,	*piller.*
Plie, certaine quantité de cartes levées,	*levée.*
Pochon, tache d'encre,	*pâté.*
Portion, sorte de breuvage,	*potion.*

XVIIe LEÇON.

Postume, enflure avec putréfaction,	*apostème.*
Potet, vaisseau pour la mangeaille des oiseaux,	*auge.*
Pourpe, partie charnue,	*poulpe.*
Pourreau, plante potagère,	*poireau.*
Presson, barre de fer,	*levier.*
Preuve, rejeton d'un cep de vigne,	*provin.*
Purisie, sorte de maladie,	*pleurésie.*
Quina, écorce qui sert de remède,	*quinquina.*
Rablé, homme bien constitué,	*râblu.*
Radée, grosse pluie,	*averse.*
Raillée, étoffe relâchée,	*éraillée.*

BARBARISMES.	MOTS FRANÇAIS.
Ramolade, espèce de sauce,	*rémolade.*
Rancuneur, qui garde la rancune,	*rancunier.*
Rase, petit conduit,	*rigole.*
Rate-volage, espèce d'oiseau,	*chauve-souris.*
Rebarbaratif, rude, désagréable,	*rébarbatif.*
Rebiffade, brusquerie,	*rebuffade.*
Rebiffer, répondre avec fierté,	*rebéquer.*
Rebrouer, repousser avec mépris,	*rabrouer.*
Redonder, action de répéter un son,	*retentir.*

XVIIIe LEÇON.

Refoin, herbe qui repousse,	*regain.*
Reguingode, espèce de casaque,	*redingote.*
Remonder, couper des branches superflues,	*émonder.*
Renette, sorte de pomme,	*reinette.*
Renvenir, rentourner, revenir sur ses pas,	*retourner.*
Repetasser du vieux linge,	*rapetasser.*
Réprimandable, sujet aux réprimandes,	*répréhensible.*
Reprin, ce qui sort du pain,	*recoupe.*
Requinquiller (se), se parer plus qu'il ne faut,	*requinquer(se).*
Résimoler, recueillir des raisins après les vendanges,	*grappiller.*
Retaper, arranger les cheveux,	*taper.*
Revange, action de se venger,	*revanche.*
Rhabilleur, celui qui remet les os rompus,	*bailleul.*
Risoler, faire cuire des marrons,	*rissoler.*
Ruelle de veau,	*rouelle.*
Ruette, petite rue,	*ruelle.*
Sacristaine, celle qui garde la sacristie,	*sacristine.*
Sausaie, lieu planté de saules,	*saulée.*
Save, qui a de la saveur,	*savoureux.*
Savourée, herbe dont on assaisonne les sauces,	*sarriette.*

XIXe LEÇON.

Secoupe, espèce d'assiette,	*soucoupe.*
Seille, vaisseau de bois,	*baquet.*
Semouille, sorte de pâte,	*semoule.*
Sarbatane, long tuyau pour renvoyer quelque chose,	*sarbacane.*
Sercler, arracher les mauvaises herbes,	*sarcler.*
Serge d'amande, sorte d'étoffe,	*serge de Mende.*
Serment, bois que pousse le cep,	*sarment.*
Sôme, femelle de l'âne,	*ânesse.*
Sorcilége, sorte de maléfice,	*sortilége.*

BARBARISMES.	MOTS FRANÇAIS.
Soubriquet, faux nom,	*sobriquet.*
Soucard, pièce de toile pour une chemise,	*gousset.*
Souillarde, endroit pour laver,	*lavoir.*
Soupoudrer, poudrer avec du sel,	*saupoudrer.*
Souste, carte accompagnée d'une autre,	*gardée.*
Suel, place où l'on bat le blé,	*aire.*
Suspente, retranchement d'ais,	*soupente.*
Tamper, empêcher qu'une chose ne tombe,	*étayer.*
Tapée, grand nombre,	*multitude.*
Tarabate, enfant turbulent,	*remuant.*
Taupure, terre levée par la taupe,	*taupinière.*

XXe LEÇON.

Tergette, plaque de fer pour fermer une porte,	*targette.*
Termoyer, prolonger le temps,	*atermoyer.*
Tisonnette, charbon qui produit de la fumée,	*fumeron.*
Tonne, berceau couvert de verdure,	*tonnelle.*
Transvider, vider un vase dans un autre,	*transvaser.*
Traverse, sorte de vent qui vient du couchant,	*vent d'ouest.*
Travon, morceau de bois carré,	*solive.*
Trémontade, homme qui ne sait où il en est,	*tramontane.*
Trempe, qui est mouillé,	*trempé.*
Tringue, verge de fer,	*tringle.*
Tuillière, lieu où l'on fabrique la tuile,	*tuilerie.*
Turlubrelu, homme étourdi,	*hurlubrelu.*
Urinoir, vase pour uriner,	*urinal.*
Vicoter, vivre à peine,	*vivoter.*
Vieille, sorte d'instrument,	*vielle.*
Vieuillier, fleur,	*giroflée.*
Vigoureuse, sorte de poire,	*virgouleuse.*
Virebroquin, outil pour percer,	*vilebrequin.*

FIN.

COURS D'ORTHOGRAPHE.

—

PREMIÈRE PARTIE,

DES DIX PARTIES DU DISCOURS CONSIDÉRÉES GRAMMATICALEMENT.

PREMIÈRE LEÇON.

DES DIX PARTIES DU DISCOURS.

La Grammaire est la science par laquelle on apprend à parler et à écrire correctement une langue.

La langue française est composée de dix espèces de mots qu'on nomme parties du discours, et qui sont : le *substantif*, l'*article*, l'*adjectif*, le *pronom*, le *participe*, le *verbe*, l'*adverbe*, la *préposition*, la *conjonction* et l'*interjection*.

Le substantif est un mot qui sert à nommer une personne ou une chose, et devant lequel on peut mettre *le*, *la*, *les*, *un*, *une*, comme *Louis*, *Pierre*, *le livre*, *la plume*.

Il y a deux sortes de substantifs : le substantif *propre* et le substantif *commun* ; le 1er ne convient qu'à une seule chose de la même espèce, tels que *Voltaire*, *Paris*; l'autre convient à toutes sortes de choses et de personnes de la même espèce, comme *homme*, *femme*, *livre*, *table*. Dans ce dernier on

1

distingue le *collectif général* , et le *collectif partitif*, le *simple* et le *composé*. Le collectif général
marque la collection ou la réunion de plusieurs
objets, comme *peuple* , *forêt* ; car dans le *peuple* il
y a plusieurs hommes, et dans la *forêt* il y a plusieurs arbres. Le *collectif partitif* marquera la
réunion d'une partie, comme *la plupart* , *une infinité*. Le substantif *simple* est celui qui n'est formé
que d'un mot, comme *honneur* ; celui qui est formé
de plusieurs mots, comme *chef-lieu* , est *composé*.
Il y a trois choses à remarquer dans le substantif : son *genre* , son *nombre* et sa *fonction*. Le *genre*
désigne la classe dans laquelle les objets sont compris. Il y a deux genres : le *masculin* et le *féminin*.
Le *masculin* désigne l'homme ou le mâle, comme
un roi, un lion. Le *féminin* désigne la femme ou la
femelle , *une reine, une lionne*. Ensuite , par imi-
tation, on a donné les genres à des choses qui ne
sont ni mâles ni femelles , comme *le papier* , *la
plume*. Le *nombre* désigne l'unité ou la pluralité
des objets. Il y a deux nombres, le *singulier* et le
pluriel. Le *singulier* désigne une seule personne
ou une seule chose, comme *un homme* , *le livre* ,
la plume. Le *pluriel* désigne plusieurs personnes
ou plusieurs choses, comme *les hommes*, *les livres*,
les plumes. Le substantif a trois *fonctions* dans le
discours ; il est toujours, ainsi que le *pronom* , ou
en sujet , ou en régime, ou en apostrophe. Il est
en *sujet* quand il fait l'action, c'est-à-dire quand
il répond à la question *qui est-ce qui* , faite avant
un mot qui est le verbe , comme *Pierre chante*. Si
je dis : *Qui est-ce qui chante ?* la réponse est *Pierre*,
qui fait l'action et qui est le sujet. Il est en *régime* quand il reçoit l'action ; alors il faut faire la
question : *Qui* ou *quoi*, après un mot qui est verbe
ou préposition , et la réponse à cette question sera
le régime. Exemple : *Pierre chante une chanson*.
Si je dis : *Pierre chante, quoi ?* la réponse est

chanson ; donc *chanson* est régime. Il est en *apostrophe* lorsqu'il est la personne ou l'objet auquel on adresse la parole, comme *Seigneur, ayez pitié de nous* ; s'il est placé après le verbe être, il est employé adjectivement, ce verbe ne peut point avoir de *régime*.

EXERCICE.

Dieu a créé le monde ; l'homme et la femme sont des créatures raisonnables ; le peuple et l'armée sont des choses différentes ; la plupart des enfans sont étourdis ; une infinité de personnes croient être sans défauts ; dans tous les départemens il y a des chefs-lieux de préfecture ; la plus grande partie des eaux-de-vie se fabriquent dans le Languedoc.

2me LEÇON.

DE L'ARTICLE.

L'article est un petit mot que l'on met ordinairement devant les noms pour les déterminer, comme *le, la, les, le papier, la plume, les livres. Le, la, les* sont des articles ; nous avons huit sortes d'articles : 1. l'article simple, *le, la, les : le papier, la plume, les livres* ; 2. l'article composé, *du, des, au, aux* qui renferme l'article simple ; et le mot *de* ou *a* : *le palais du roi, j'obéis au roi, le palais des reines, j'obéis aux reines* ; ici *du* est mis pour *de le* ; *au* est mis pour *à le* ; *des* est mis pour *de les*, etc.; 3. l'article partitif, qui fait prendre le substantif dans un sens partitif. Exemple : *Voilà de belles maisons* ; *de* est un article partitif; 4. l'article numéral, qui indique le nombre, comme *un, une, deux, un homme, une femme;*

5. l'article démonstratif, qui démontre la personne
ou la chose dont on parle, comme *ce, cette, ces,
ce papier, cette plume, ces livres;* 6. l'article possessif : *mon, ma, mes,* etc. : *mon papier, ma plume,
mes livres;* 8. enfin l'article indéfini, comme *tel,
autre, pas un, chaque, quel, quelque, plusieurs,
même, nul, aucun, tout,* que l'on considère comme
un adjectif; mais dont la fonction est de déterminer plutôt que de qualifier. Plusieurs de ces articles sont quelquefois pronoms, quand au lieu
d'être joints à un substantif ils en tiennent la place,
tel, aucun, pas un, nul, le même, tout; nul ne peut
devenir savant s'il n'étudie assez.

EXERCICE.

La plus grande vertu des rois, c'est la clémence.
Un enfant bien élevé obéit toujours à ses parens.
Deux philosophes se rencontrèrent : quand cesse-
rons-nous de nous haïr, dit le plus sage ? Maintenant, répondit l'autre. Du vin de trois ans, du
pain de trois jours, de bons livres, quelques vrais
amis, une honnête aisance et des vertus solides,
voilà ce qu'il faut pour passer une vie agréable. Ce
livre appartient à mon frère. Ces ouvrages appartiennent à ma sœur. Son cœur est d'une tendresse
extrême. Tel était son sentiment.

3me LEÇON.

DE L'ADJECTIF.

L'adjectif est un mot qui marque la qualité
d'une personne ou d'une chose, comme *bon père,
belle image; bon, belle* sont des adjectifs. L'adjectif qui sert à qualifier, peut toujours se connaître

en faisant la question *qui est-ce qui est* avant lui.
Exemple : *Le soleil est brillant ;* qui est-ce qui est
brillant ? c'est le soleil , donc *brillant* est un adjectif.

Lorsque l'adjectif qualifie simplement , il est
positif. Exemple : *Voltaire était savant.* Lorsqu'il
exprime comparaison , il est comparatif ; s'il qualifie en exprimant un rapport d'égalité , il est comparatif d'égalité , comme *César était aussi vaillant
qu'Alexandre ;* s'il exprime un rapport de supériorité , il est comparatif de supériorité. Exemple :
César était plus vaillant qu'Alexandre ; enfin il est
comparatif d'infériorité , s'il exprime un rapport
d'infériorité , comme *Alexandre était moins savant
que César.* Les adverbes *aussi , autant ,* placés
avant l'adjectif, marquent l'égalité ; *plus* marque
la supériorité , et *moins* marque l'infériorité.

Lorsqu'il qualifie le substantif à un suprême
degré et sans rapport , c'est un adjectif superlatif
absolu. Exemple : *Le soleil est très-brillant ;* brillant exprime la qualité du soleil à un suprême
degré et sans rapport , il est superlatif absolu.

Lorsqu'il qualifie au suprême degré et avec rapport, il est superlatif relatif. Exemple : *Paris est
la* plus grande ville de France. On voit que l'adverbe comparatif *plus* est précédé d'un article qui
marque le superlatif relatif. *Meilleur* (au lieu de
plus bon), pire, moindre, sont aussi des super-
latifs relatifs.

EXERCICE.

La vertu est avantageuse. Un homme sage et
laborieux est aimé de tout le monde. Le bien est
plus ancien dans le monde que le mal. Le naufrage
et la mort sont moins funestes que les plaisirs qui
attaquent la vertu. Il est aussi difficile de former un
grand roi que de l'être. Le remède est quelquefois
pire que le mal. Les enfans studieux sont très-heu-

reux. La prospérité est la plus forte épreuve de la sagesse.

4ᵐᵉ LEÇON.

DU PRONOM.

Le pronom est un mot qui tient la place du substantif. Si, en parlant d'un enfant, je dis : *Il est sage*, le mot *il* tient la place d'enfant ; c'est un pronom.

On distingue huit sortes de pronoms : *Les conjonctifs, les personnels, les possessifs, les démonstratifs, les relatifs, les interrogatifs, les réfléchis* et *les indéfinis*.

Les *conjonctifs* servent à conjuguer les verbes dont ils sont toujours les sujets ; il y en a trois pour le singulier et trois pour le pluriel : *je, tu, il* ou *elle*, pour le singulier ; *nous, vous, ils* ou *elles*, pour le pluriel. *Je*, qui est de la première personne du singulier, s'emploie pour les deux genres ; *tu*, de la seconde personne du singulier, est aussi des deux genres ; *il* ou *elle* est de la troisième personne du singulier : le premier est masculin, le second féminin. *Nous*, qui est de la première personne du pluriel, est des deux genres ; *vous*, de la seconde du pluriel, est aussi des deux genres ; *ils* ou *elles*, de la troisième du pluriel : le premier est masculin, le second féminin.

Remarque. La première personne est celle qui parle, la seconde est celle à qui l'on parle, la troisième est celle de qui l'on parle.

Les pronoms *personnels* tiennent la place des personnes ou des choses indifféremment, et sont toujours régime, comme *me, te, se, moi, toi, soi, lui, leur, le, la, les, en* et *y*, et *même* quand il est précédé de l'un de ces articles : *le*, *la*, *les* ; ces mots étant placés avant le verbe , on peut connaî-tre les substantifs dont ils tiennent la place en les supprimant et en faisant la question *qui* ou *quoi ?* Exemple: *Voilà ma sœur , je la connais ;* je connais qui? ma sœur. *Voilà des personnes, je vais leur parler ;* parler à qui? à elles, à ces personnes ; *la* et *leur* sont donc des pronoms.

Les *possessifs* sont ceux qui marquent la posses-sion ; ceux qui s'emploient pour le masculin singu-lier sont : *le mien, le tien , le sien , le nôtre , le vôtre, le leur ;* pour le féminin singulier : *la mienne, la tienne, la sienne, la nôtre, la vôtre, la leur ,* pluriel masculin · *les miens, les tiens , les siens ;* pluriel féminin : *les miennes , les tiennes , les siennes;* pluriel des deux genres : *les nôtres, les vôtres , les leurs,*

Les pronoms *relatifs* sont ceux qui sont placés immédiatement après un substantif ou un pronom qui est son antécédent : *qui, que, quoi, dont, lequel, laquelle, lesquels, lesquelles,* sont des pronoms re-latifs. Exemple : *La plume que je tiens ;* l'homme *qui parle,* etc. ; *que* et *qui* sont des pronoms relatifs dont les antécédens sont *plume* et *homme.*

Les pronoms *démonstratifs* sont ceux qui servent à démontrer la personne dont on parle. Singulier masculin : *celui-ci* et *celui-là ,* masculin pluriel : *ceux-ci, ceux-là ;* singulier féminin : *celle-ci, celle-là ;* pluriel féminin : *celles-ci , celles-là ;* pour le singulier en parlant des choses : *ceci, cela.*

Les pronoms *indéfinis* sont ceux qui ne désignent pas d'une manière claire les personnes ou les cho-ses dont on parle , comme *on , quiconque, chacun, quelqu'un, autrui , l'autre , personne, aucun, tel.* Exemple : *On parle;* ici on n'indique pas d'une manière particulière la personne qui parle ; c'est un pronom indéfini.

Les pronoms *interrogatifs* ou *absolus* sont ceux qui servent à interroger, comme *que faites-vous là? à quoi pensez-vous? qui vous a dit cela? que, qui, quoi,* sont des pronoms interrogatifs.

Les pronoms *personnels réfléchis* sont ceux qui marquent la réflexion et qui sont placés après un pronom de la même personne : *me, te, se, nous, vous, se;* dans tout autre cas ces pronoms ne sont que personnels. Exemple : *Je me frappe;* ici *me* marque la réflexion, parce que l'action réjaillit sur la personne qui la fait ; on peut dire : *je frappe moi.* Mais si l'on dit : *Je te frappe; te* n'est point réfléchi, parce que la personne qui frappe n'est pas la même qui est frappée.

EXERCICE.

Je me plais à vous entendre. Tu me frappes mal à propos. Nous soutenons que vos devoirs sont mieux faits que les nôtres ; ils sont parfaits. Celui qui étudie deviendra savant. A quoi pense-t-on quand on est jeune? chacun sait que les idées de la jeunesse ne sont pas philosophiques. Il faut que jeunesse se passe ; que dites-vous là ? elle peut se passer vertueusement aussi bien que de la manière que vous l'entendez.

5me LEÇON.

DU VERBE.

Le verbe est un mot qui marque une action ou un état; ainsi les mots *être, lire,* sont des verbes.

On connaît un verbe quand on peut le faire précéder de l'un de ces pronoms : *je, tu, il; nous, vous, ils :* il n'y a proprement dit qu'un seul verbe qui est le *verbe substantif*; mais, pour abréger le discours, on a inventé d'autres verbes qu'on appelle *verbes actifs*; ils sont au nombre de cinq : les verbes *actifs*, *neutres*, *passifs*, *réfléchis* et *impersonnels*, auxquels on ajoute les verbes auxiliaires qui servent à conjuguer les autres; de ce nombre se trouvent le verbe *être* et le verbe *avoir*. Ainsi, lorsqu'un de ces verbes sera suivi d'un participe, il sera auxiliaire, comme *j'ai aimé*, *je suis tombé*; dans le cas contraire, le verbe *avoir* est actif, et le verbe *être* est verbe substantif.

Le verbe *actif* est celui qui tombe directement sur un objet, et après lequel on peut placer un régime direct, comme dans cette phrase : *J'aime Dieu*, ici le verbe *aime* est actif, parce qu'en faisant la question *qui* (comme nous l'avons dit au chapitre des substantifs), pour trouver le régime direct, on a pour réponse *Dieu*; donc *aime* est un verbe *actif*.

Le verbe *neutre* est celui qui ne tombe pas directement sur un objet, et qui ne peut point avoir de régime direct, comme dans cette phrase : *Je tombe par terre*; on ne peut pas dire *je tombe*, *quoi ?* il n'y a point de réponse à cette question; donc *tombe* est un verbe *neutre ?*

Le verbe *passif* n'est autre chose que le verbe *actif* accompagné de l'auxiliaire *être*, il exprime une action qui peut être faite par un régime qui est toujours indirect, et le sujet peut devenir régime direct. Exemple : *Mon père est aimé de Dieu*; ici *père* est sujet, et *Dieu* est régime indirect; mais si je dis *Dieu aime mon père*, c'est la même proposition, et cependant le sujet *père* de la première phrase est devenu régime, et le régime *Dieu* est devenu le sujet.

Le verbe *réfléchi* est celui qui est accompagné de deux pronoms de la même personne; il est réfléchi propre quand il peut faire l'action, comme *je me frappe ;* dans le cas contraire, il est réfléchi figuré, comme *celte maison se loue fort cher ;* ici la maison, qui est un substantif inanimé, ne peut pas faire l'action de *louer ,* le verbe est réfléchi figuré ; si le verbe ne peut se conjuguer autrement qu'avec deux pronoms de la même personne, c'est un verbe réfléchi pronominal, comme *je me repens.*

Le verbe *impersonnel* est celui qui ne peut se conjuguer qu'à la troisième personne du singulier, et dont le sujet *il* ne peut être remplacé par aucun substantif, eomme dans cette phrase : *Il faut ;* à la place de *il* on ne peut mettre aucun substantif.

On distingue encore les verbes irréguliers et les verbes défectifs ; les verbes irréguliers sont ceux dont la terminaison n'est point conforme au verbe qui leur sert de modèle et qu'on appelle verbe régulier.

MODÈLE :   *Je rends.*
VERBE RÉGULIER :   *Je prends.*
VERBE IRRÉGULIER :   *Je crains.*

Les verbes *défectifs* sont ceux auxquels ils manquent certains temps ou certaines personnes que l'usage n'admet point, comme *bouillir, assaillir,* etc., etc.

MODIFICATION DES VERBES.

Les modifications des verbes consistent dans le nombre, les personnes, les modes, les temps et les conjugaisons. Il y a, comme dans les substantifs , deux nombres dans les verbes : le singulier et le pluriel, selon que le sujet est l'un ou l'autre. Il y a trois personnes du singulier : *Je, tu , il* ou *elle ;* et trois du pluriel : *nous, vous, ils* ou *elles.*

Il y a cinq modes ou manières de signifier dans dans les verbes : 1° l'indicatif, qui exprime l'affirmation présente, passée ou avenir, comme.dans ces phrases : *Je chante, j'ai chanté, je chanterai;* 2° le conditionnel, quand on affirme qu'une chose serait ou aurait été moyennant une condition. Exemple : *Je chanterais si vous vouliez, j'aurais chanté si vous aviez voulu;* l'impératif, quand on commande de le faire. Exemple : *Chante;* 4° le subjonctif, quand on souhaite qu'une chose se fasse. Exemple : *Je désire que tu chantes;* 5° enfin l'infinitif, qui exprime une idée indéterminée, comme *chanter.*

Il y a trois temps dans les verbes : le *présent,* qui marque que la chose est ou se fait actuellement, comme *je lis;* le *passé* ou *prétérit,* qui marque que la chose a été faite, comme *j'ai lu;* le *futur,* qui marque que la chose sera ou se fera, comme *je lirai.* Les temps se divisent aussi en temps simples et en temps composés. Les temps simples sont ceux qui n'empruntent point un des temps du verbe *avoir;* les temps composés sont ceux qui se forment en empruntant un des temps du verbe *avoir* ou du verbe *être,* comme *j'ai dansé, je suis sorti,* etc. Les grammairiens admettent encore dans les verbes cinq temps primitifs et six temps dérivés. Les cinq temps primitifs sont le présent de l'indicatif, le prétérit défini, le présent de l'infinitif, le participe présent et le participe passé; les six temps dérivés sont l'imparfait de l'indicatif, le futur simple, le conditionnel présent, l'impératif, le présent et l'imparfait du subjonctif.

Enfin, il y a quatre conjugaisons que l'on distingue par la terminaison de l'infinitif; la première est en *er,* comme *aimer;* la seconde en *ir,* comme *finir,* la troisième en *oir,* comme *devoir;* et la quatrième en *re,* comme *rendre.*

EXERCICE.

J'aime la vertu. Je pense que j'ai raison. Je suis heureux de voir que vous êtes estimé de tout le monde. J'ai toujours pensé qu'il fallait étudier pour s'instruire. Je me repens de n'avoir pas été assez studieux. Ces demoiselles se sont donné rendez-vous dans le château qui s'est vendu si cher, où elles ont été assaillies par de mauvais sujets. On a de la peine à vaincre ses défauts, etc.

6ᵐᵉ LEÇON.

DU PARTICIPE.

Le participe est un mot qui tient du verbe et de l'adjectif, comme *aimant*, *aimé*, *béni*, *reçu*. Nous avons deux sortes de participes : le *participe présent*, qui est toujours terminé en *ant*, et que l'on distingue par sa dérivation du verbe, comme *aimant*, *lisant*; et le *participe passé*, que l'on distingue, 1° par sa dérivation du verbe; 2° par sa variation et ses différentes terminaisons. Dans le participe présent on distingue *l'adjectif verbal présent*, terminé de la même manière. Celui-ci marque l'état et peut se construire avec *être*. Le participe présent marque l'action et a presque toujours un régime direct, excepté quand il dérive d'un verbe neutre; dans ce cas, pour connaître s'il est participe présent ou adjectif verbal, il faut voir s'il peut se remplacer par un autre temps du verbe précédé de *qui*, s'il peut se changer en infinitif, ou s'il peut être précédé de *en*, il est alors participe; s'il peut se construire avec *être*, il est adjectif. Exemple : *Voilà un jeune homme char-*

mant (qui est charmant); *charmant* est adjectif verbal. *Ce jeune homme charmant*, tout le monde (qui charme tout le monde); *charmant* est participe. *Voilà de l'eau dormante* (qui est dormante); *dormante* est adjectif verbal présent. *Votre sœur ne dormant presque pas doit être fatiguée;* votre sœur (en ne dormant pas), *dormant* est participe présent. *J'ai vu des drapeaux flottant sur le clocher* (flotter sur le clocher); *flottant* est participe présent. Les participes *ayant*, *étant* ne deviennent jamais *adjectifs verbaux*. Dans le participe passé on distingue aussi l'*adjectif verbal passé*; c'est le participe passé privé de son auxiliaire, comme *un vieillard honoré; honoré* est adjectif verbal passé, parce qu'il est susceptible de varier, et parce qu'il n'a point d'auxiliaire; mais dans *j'ai honoré le viellard, honoré* est participe passé, parce qu'il est accompagné de l'auxiliaire *avoir*.

Les moyens que nous venons d'indiquer pour distinguer le participe présent de l'adjectif verbal, sont quelquefois insuffisans, parce que ces deux mots peuvent admettre le changement énoncé plus haut; en effet, dans ces deux phrases : *J'ai vu cette femme tremblante à vos genoux et digne de pitié; j'ai vu cette femme tremblant à vos genoux de ne point obtenir le pardon de son époux.* On peut dire également *cette femme qui tremblait*. Mais il faut examiner si, indépendamment de l'action exprimée par le verbe, il y a une idée accessoire qui peint à l'esprit un état, une situation particulière à l'idée qui se trouve dans le verbe, ce sera alors un *adjectif verbal*, et c'est ce qui a lieu dans la première phrase; car il ne s'agit pas seulement de l'action de trembler, mais encore d'un état de désolation qui vous inspire des sentimens pénibles, tandis que dans la dernière phrase il ne s'agit que de l'action unique en tremblant, c'est comme si

disait : J'ai vu cette femme à vos genoux, craignant
de ne point obtenir, etc.

Quelques adjectifs verbaux passés deviennent
prépositions lorsqu'ils sont suivis immédiatement
d'un substantif, comme *attendu, vu, y compris,
ci-joint, supposé, ci-inclus, excepté.* Exemple :
excepté ma sœur.

EXERCICE.

En admirant vos vertus nous avons rendu justice à votre mérite. Pleurante après son char, vous
voulez qu'on me voie. Nous avons revendu les
marchandises que nous avions achetées. Nous
avons vu jouer les tableaux parlans. Que de rem-
parts détruits. Que de villes forcées. Mes parens
sont venus me voir, excepté ma sœur et ma cousine Adèle exceptée.

7ᵐᵉ LEÇON.

DE L'ADVERBE.

L'adverbe est un mot qui se joint ordinairement au verbe ou à l'adjectif pour le modifier,
comme dans cette phrase : *Cet enfant se conduit*
SAGEMENT. Le mot *sagement* marque la manière
dont cet enfant se conduit ; donc c'est un adverbe.

Il y a plusieurs sortes d'adverbes : 1° les adverbes de *manière*, qui sont presque tous terminés en *ent*, comme *sagement, poliment* ; 2° les
adverbes d'*ordre*, qui marquent l'ordre des choses,
comme *premièrement, secondement* ; 3° *de temps*,
comme *hier, demain*, etc. ; 4° *de lieu*, comme *où*,

ici, *là*, *derrière*, etc. ; 5° *de quantité*, comme *assez*, *trop*, etc.; 6° *de comparaison*, qui sont : *plus*, *moins*, *comme*, *mieux*, etc.

Il y a encore l'adverbe affirmatif *oui*, négatif *non*, interrogatif *pourquoi*, *d'où*, *comment*, etc. Enfin il y a les adverbes *composés*, comme *mal à propos*, *tout-à-coup*, *tout de suite*.

On distingue l'adverbe simple de la préposition, en ce que l'adverbe renferme presque toujours la préposition avec son régime, comme *cet enfant parle poliment*, on peut dire *avec politesse*.

EXERCICE.

Les enfans sont ordinairement distraits. Il ne faut être ni trop près, ni trop loin pour être dans un joli point de vue. Celui qui est partout n'est nulle part. Il faut premièrement faire son devoir, secondement, ne prendre que des plaisirs permis. Autant j'aime l'homme sincère, autant je méprise l'homme dissimulé. D'où venez-vous? On est tout au plus dans ce monde qu'il faut déjà mourir.

8ᵐᵉ LEÇON.

DE LA PRÉPOSITION.

La préposition est un mot qui sert à marquer le rapport que les mots ont entr'eux ; quand je dis *le fruit de l'arbre*, *de* marque le rapport qu'il y a entre *fruit et arbre*; c'est une préposition.

Les prépositions sont simples ou composées ; les prépositions *simples* sont celles qui s'expriment en un seul mot, comme *a*, *de*, *en*, *pour*, *sans*, *avec*, etc.; et les prépositions *composées*, celles qui s'expriment en plusieurs mots, comme *vis-à-vis*, *à côté*, etc.

Les prépositions qui marquent le lieu, sont : *chez*, *contre*, *dans*, *dessus*, *devant*, *derrière*, *jusque*, *parmi*, *près*, *proche*, *auprès*, *vis-à-vis*, *sous*, *sur*, *vers*.

Les prépositions qui marquent la séparation, sont : *sans*, *excepté*, *hors*, *sauf*, *vu*.

Les prépositions qui marquent l'ordre, sont : *avant*, *après*, *entre*, *depuis*.

Les prépositions qui marquent la spécification, sont : *a*, *de*, *en*.

Les prépositions qui marquent l'union, sont : *avant*, *avec*, *après*, *durant*, *pendant*, *outre*, *selon*, *suivant*.

EXERCICE.

La gaîté, le bonheur sont sous un toit rustique ; ils s'égarent dans les châteaux.

Dans la prospérité il est agréable d'avoir un ami, dans le malheur c'est un besoin.

Je crains Dieu, et, après Dieu, je crains principalement celui qui ne le craint pas.

Il faut remplir avec constance sa destinée et ses devoirs.

Quand je suis avec mon ami, je ne suis pas seul, et nous ne sommes pas deux.

Le laboureur s'endort sans prévoir les peines du lendemain.

L'hypocrisie est un hommage que le vice rend à la vertu.

9me LEÇON.

DE LA CONJONCTION.

La conjonction est un mot qui sert à lier une phrase à une autre phrase, un nom ou pronom à un autré nom ou pronom. *Il pleure* ET *il rit ;* ici *et* est conjonction servant à lier la phrase il pleure avec celle il rit.

La conjonction est simple ou composée : *simple* si elle s'exprime en un mot , comme *et , ni, mais , si , car , or ,* etc. ; *composée ,* si elle forme plusieurs mots , comme *à moins que , soit que ,* etc.

La conjonction forme 10 classes , eu égard à la manière dont elle est employée : elle est *copulative, augmentative, disjonctive , hypothétique , adversative , périodique. causative , conclusive , explicative , et transitive.*

La *copulative* sert simplement à lier ; de ce nombre se trouvent *et , ni.* L'*augmentative* donne une idée d'accroissement, comme *de plus , outre, au surplus.* La *disjonctive ,* qui marque la distinction dans les choses, comme *ou , ou bien , sinon , tantôt.* L'*hypothétique ,* qui marque une condition , comme *si , pourvu que ,* etc. L'*adversative ,* qui marque une restriction ou opposition , comme *mais , quoique , cependant ,* etc. La *périodique,* qui marque le temps , comme *pendant , lorsque , etc.* La *causative ,* qui marque la raison , comme *afin que , puisque ,* etc. , La *conclusive,* qui sert à tirer une conséquence, comme *donc , vu ,* etc. L'*explicative ,* qui lie par forme de développement, comme *savoir , surtout.* La *transitive,* qui marque la transition , comme *or , au reste ,* etc.

EXERCICE.

J'aime la vertu et la science. L'oisiveté étouffe le talent, et de plus engendre les vices. L'homme est incertain dans ses résolutions, tantôt il veut une chose, tantôt il en veut une autre. Le bien qu'on fait n'est jamais perdu ; si les hommes l'oublient, les dieux s'en souviennent. L'envie honore le mérite encore qu'elle s'efforce de l'avilir. Il faut conserver un véritable ami jusqu'à la mort. Dès qu'on sent qu'on est en colère, il ne faut ni parler, ni agir. Haïssez vos ennemis comme si vous les deviez aimer un jour. Je pense, donc Dieu existe. Il y a trois choses à consulter, savoir : le juste, l'honnête et l'utile. Au reste l'expérience nous le prouve.

10me LEÇON.

L'interjection sert à peindre d'un seul trait les affections subites de l'ame ; ce n'est, pour ainsi dire, qu'un cri, mais ce cri tient quelquefois la place d'une proposition entière.

L'interjection se divise de la manière suivante, savoir :

1. Pour la douleur ou l'affliction : *Ah ! aie ! ouf ! ahi ! hihi ! hé ! hélas !*

2. Pour la joie et le désir : *Ah ! bon?*

3. Pour la crainte : *Ah! hé?*

4. Pour l'aversion, le mépris, le dégoût : *Fi ! fi donc.*

5. Pour la dérision : *Oh ! hé ! zest !*
6. Pour l'admiration : *Oh !*
7. Pour la surprise : *Oh ! ah !*
8. Pour encourager : *Ça, ho, ça !*
9. Pour avertir : *Holà ! hem ! oh !*
10. Pour appeler : *Holà ! hé !*
11. Pour le silence ; *Chut ! st !*

Il faut encore considérer comme interjections, certains mots qui ne le sont pas de leur nature et qui le deviennent par l'usage qu'on en fait, pour exprimer quelques mouvemens de l'ame ; tels sont : *Bon Dieu ! miséricorde ! paix ! tout beau !* tels sont également : le *ventre saint-gris* de Henri IV ; tous les mots dont Molière fait usage , comme *morbleu ! parbleu ! diantre ! corbleu !* etc. et une infinité d'autres expressions semblables.

EXERCICE.

Ah ! que de la vertu les charmes sont puissans !

Ah ! vous êtes dévot et vous vous emportez !

Oh ! que la nature est sèche ! qu'elle est vide quand elle appliquée par des sophistes !

Hô ! qu'il est cruel de n'espérer plus !

O suprême plaisir de pratiquer la vertu !

Eh ! qui aurait pu croire que la fortune pût tenir lieu de mérite !

Eh bien ! contentez donc l'orgueil qui vous enivre !

Aïe ! aie ! on m'assomme !

Fi de la bonne chère quand il y a de la contrainte.

COURS

D'ORTHOGRAPHE.

—

DEUXIÈME PARTIE.

1re LEÇON.

ORTHOGRAPHE GRAMMATICALE DES SUBSTANTIFS.

Règle générale.

1. Pour marquer le pluriel dans les substantifs on ajoute une *s* à la fin de ceux qui n'en ont point au singulier, comme *le livre, les livres,* mais *fils, voix, nez,* et beaucoup d'autres que l'usage fait connaître sont invariables.

2. Les noms terminés au singulier par *au, eu, ou,* prennent *x* au pluriel : *le boyaux, les boyaux, le feu, les feux, le genou, les genoux,* excepté *trou, coup, loup-garou, matou, licou, toutou, sapajou, filou, clou, verrou,* qui prennent une *s* au pluriel.

3. Les noms en *ail, al,* font au pluriel *aux* : le *mal,* les *maux,* le *travail,* les travaux, excepté *régal, bal, détail, éventail, portail, émail, épouvantail, gouvernail, attirail* et *sérail. Ail* fait au pluriel *aulx. Travail* prend une *s* quand on parle des machines servant à ferrer des chevaux fougueux, ou des comptes faits par des commis.

4. *Aïeul, ciel, œil* font au pluriel *aïeux, cieux, yeux;* cependant on dit au pluriel *aïeuls* quand

on veut désigner le grand-père paternel et le ma-
ternel. Exemple : *Ses deux aïeuls ont rempli les
premières charges*. On dit et l'on écrit au pluriel
les ciels quand ce mot désigne ou le haut d'un lit,
ou la partie d'un tableau qui représente l'air ou
la température d'un pays. Exemple : *Les ciels de
ces lits ; les ciels d'Italie ; ce peintre fait bien les
ciels*. Enfin on dit au pluriel des *œils-de-bœuf*, en
parlant de petites lucarnes faites en rond dans la
couverture des maisons.

5. Quoiqu'il y ait pluralité, les substantifs ne
prennent pas la marque du pluriel : quand ils
sont des noms propres qui ne servent qu'à désigner les personnes par leur nom. Exemple : *les
deux Corneille se sont distingués dans la république
des Lettres*. Mais quand ces noms servent à désigner les personnes qui ressemblent à celles qui les
ont portés, on les met au pluriel, parce qu'ils deviennent alors des noms communs. Exemple : *ces
deux princes ont été les Alexandres de leur siècle*.

6. Les mots qui dérivent des mots étrangers ne
prennent pas la marque du pluriel, tels que les
alibi, les *duo*, etc., excepté *débet*, *écho*, *factum*,
placet et *récépissé*, qui prennent un *s*, ceux qui
viennent des mots invariables, comme les *pour-
quoi*, les *comment*, les *oui*, les *non*, les *si*, les *cas*,
les *on dit* sont invariables ; les opinions varient à
l'égard de *opéra*.

Remarque. — Quelques auteurs suppriment le
t dans le pluriel des mots terminés en *ant* ou *ent*,
comme les *enfans*, les *commencemens*, et par exception ils conservent le *t* dans les monosyllabes :
les *gants*, les *dents*, cependant on écrit les *gens*.

D'autres, et même l'Académie, veulent que les
substantifs précédés des articles qui les multiplent
ne prennent point la marque du pluriel : *vingt et
un jour*, *mille et une nuit*, sans doute par rapport
à l'article *un* ; cependant l'Académie veut que l'on

écrive *trente et un chevaux* avec le pluriel , et *trente et un jour passés* , en mettant *jour* au singulier et *passés* au pluriel ; mais la plupart des auteurs rejettent cette orthographe et n'admettent que le pluriel ; puisqu'il y a pluralité dans l'idée, il doit y avoir pluralité dans les mots.

7. Quand un nom est composé de deux substantifs ou d'un substantif et d'un adjectif, ils prennent tous les deux la marque du pluriel. Exemple : un *chef-lieu*, des *chefs-lieux*, excepté des *hôtels-Dieu*, des *Collin-Maillard*, des *main-levée*, des *semi-tons*, des *chevau-légers*, des *bec-figues*, des *appui-main*, des *brèche-dents*, des *demi-pensions*.

8. Quand il est composé d'un substantif ou d'un adjectif, unis par une préposition à un autre substantif, on ne met la marque du pluriel qu'au premier substantif. Exemple : un *arc-en-ciel*, des *arcs-en-ciel*; excepté des *coq-à-l'âne*, des *haut-à-bas*, des *paille-en-queue*, des *pied-de-chat*, des *pied-à-terre*, des *tête-à-tête*, des *fier-à-bras*.

9. S'il est composé d'un substantif joint à un verbe ou à une préposition, le substantif se met au pluriel si l'on sous-entend plusieurs objets ; Exemple : un *abat-jour*, des *abat-jour*; ici jour reste au singulier, parce qu'on ne sous-entend pas plusieurs objets ; un *casse-noisettes*, des *casse-noisettes*, noisettes, est ici au pluriel parce qu'on sous-entend plusieurs ; des *avant-coureurs*, des coureurs, qui vont en avant, ce dernier se met au pluriel.

10. Les substantifs composés de plusieurs mots étrangers, d'un verbe, et d'une préposition ou d'un adverbe, ne prennent point la marque du pluriel ; des *auto-da-fé*, des *passe-avant*, des *passe-partout*.

11. Les substantifs qui ne sont pas composés

et qui sont unis par *de*, se mettent au pluriel s'ils sont susceptibles de se compter, et s'ils marquent une idée de pluralité. Exemples : des *bouquets de roses, six roulettes de lits* ; mais ils restent au singulier s'ils ne servent qu'à désigner la nature du premier. Exemples : des *hommes de plume*, des *bouquets de jasmin.*

ORTHOGRAPHE RADICALE.

12. Les mots dont la première syllabe se prononce comme un *e* ouvert, commencent par *ai*, comme *aigle* ; excepté 1° *haine, haire*; 2° ceux dont la consonne donne la prononciation comme, *elle.*

13. Ceux dont la première syllabe se prononce comme un *e* fermé, commence par *é*, comme *étrennes*, excepté *aigayer*, *aigu*, *aiguade*, *aiguière*, *aiguiser*, *aisé*, *aimable*, *aimanter.*

14. Tous les mots qui ont des dérivés finissent par la lettre qui convient pour former ces dérivés, comme *hasard*, *champ*, *chant*, *univers*, qui viennent de *hasarder*, *champêtre*, *chanter*, *universel;* il y a peu d'exceptions.

15. Les mots sans dérivés qui finissent par *a*, n'admettent rien après cette dernière lettre, comme *agenda*, excepté *cotignac*, *tabac*, *almanach*, *appas*, *cas*, *cadenas*, *frimas*, *galimathias*, *galetas*, *hélas*, *lilas*, *platras*, *dégât*, *électorat*, *état*, *goujat*, *odorat* et *potentat.*

16. Tous les mots qui commencent par *in*, prennent *im* si cette syllabe est suivie d'un *b*, d'un *p* ou d'une autre *m*; ainsi on écrit avec *n* invention, et avec *m* imberbe, impatient, immoral, excepté *ainsi* qui commence par *a.*

Nota. Dans les précédentes éditions nous avions donné plus de développemens à l'orthographe radicale, mais l'expérience nous a appris que les élèves ne pouvaient retenir les exceptions ; ici nous ne donnerons que les règles qui n'en renferment qu'un petit nombre.

THÈME CACOGRAPHIQUE.

Les hommes 1 n'écoutent pas toujours la voi 1 de la raisons 1. Les lou 2 ne sont pas aussi doux que des agneau 3. Leurs joujou ne sont pas d'acajou 2. Mes aïeux ont encore de bons œil 4. Les ciels 4 ont béni tous mes aïeul 4. Nos chevaux 3 sont dans vos châteaus 8 où se trouvent de si beaux cieux-de-lit 4. Les Racines 5 et les Corneilles 5 étaient savans. Mes frères 1 sont des Alexandre 5 et des Turenne 5. J'aime les consertos 6 et les duos 6 des viotys 6. Je n'aime ni les pourquois 6 ni les comments 6. Dans tous les chef-lieux 7 de préfecture il y a des hôtel-Dieux 7. Ces deux belle-fille 7 connaissent mes belles-filles 7. J'ai fait donner les mains-levées 7 en donnant mes blancseing. 7 J'ai acheté des eaux-de-vie 8 et des pieds-de-chats 8. On n'écrit pas des casse-cous 9 comme des casse-noissette 9. J'ai éprouvé des crêvecœurs 10 en voyant bomber ces avant-coureur 10. J'ai pris mes passe-partout 10 pour aller entendre les *te Deum* 10. Les bouquets de rose 11 sont plus jolis que les bouquets de jasmins 11. Je n'ème 12 pas ceux qui ont de la haine ; ce jeune homme est plus aimable 13 depuis qu'il a reçu des aitrennes 13. J'ai trouvé par hazar 14 mon agendat 15. J'étais inpatient 16 de revoir mon lila.

NOTA. Comme il est nécessaire de faire entrer toutes les règles de la leçon dans un devoir, que l'élève doit faire dans demi-heure, il n'était guère possible de faire des phrases sublimes qui pussent plaire et toucher.

2ᵐᵉ LEÇON.

ORTHOGRAPHE DES ARTICLES.

1ʳᵉ *Règle*. On écrit *le* pour le masculin singulier ; *la* pour le féminin singulier ; *les* pour le pluriel des deux genres : *le livre, la plume, les animaux*. On retranche *e* dans l'article *le*, et *a* dans l'article *la*, lorsque le mot suivant commence par une voyelle ou une *h* muette ; et on les remplace par un apostrophe. Exemple : *l'oiseau, l'histoire*. Cet article est invariable devant les mots *plus, mieux, moins* ; quand ces mots ne marquent pas comparaison. Exemple : *Ces hommes furent le plus mal traités.*

Remarque. L'article composé *du* et *au* s'emploie pour le singulier masculin et pour le pluriel des deux genres ; il ne s'emploie pas pour le féminin singulier. Exemple : *Donnez du pain aux hommes et aux femmes*. L'article partitif *de* sert pour les deux genres et les deux nombres : *voilà de belles maisons ; voilà de bon vin.*

2ᵐᵉ *Règle*. L'article numéral *un* s'emploie pour le masculin singulier, *une* pour le féminin singulier, et *les autres* pour le pluriel des deux genres. Deux autres articles numéraux prennent le pluriel s'ils sont multipliés par un autre article et suivis d'un substantif : ce sont les articles *vingt* et *cent*, mais ils resteront singulier quoiqu'il y ait pluralité, s'ils sont suivis d'un autre. Exemple : *Deux cents hommes ; quatre-vingts francs, trois cent trente gibernes, quatre-vingt-dix fusils ; mille* prend la marque du pluriel quand il cesse d'être article et qu'il sert à marquer l'étendue de chemin, parce qu'alors il devient substantif. Exemple :

deux mille hommes, deux milles d'Angleterre. On écrit *mil* pour la date des années : En *mil huit cent trente. Millier, million, milliard, milliasse* prennent aussi le pluriel : *deux milliers, deux millions,* etc.

3ᵐᵉ *Règle.* Le démonstratif *cet* s'emploie pour le singulier devant un substantif qui commence par une voyelle ou une *h* muette, on écrit *cet exemple, ce chapeau, cet homme, cet oiseau.* Cette se met devant le féminin singulier : *cette femme;* et *ces* devant le pluriel des deux genres : *ces hommes, ces femmes.* On écrit *se* quand on peut mettre *il* devant. Exemple : *Ce jeune homme se flatte;* ici on ne peut pas dire : *il ce jeune homme;* il faut *ce;* mais on peut dire : *il se flatte;* il faut *se.*

4ᵐᵉ *Règle.* L'article pronominal possessif : *mon, ton, son,* s'emploie pour le substantif masculin singulier. Exemple : *Mon père,* et *ma, ta, sa* pour le féminin singulier, qui commence par une consonne si le substantif féminin commence par une voyelle, on se sert de *mon, ton son,* pour éviter un hiatus, c'est-à-dire la rencontre de deux voyelles ; ainsi l'on dit *ma femme,* mais on dit *mon ame,* quoique *ame* soit féminin, parce que *ma ame* serait désagéable ; *notre, votre, leur* sont pour le singulier des deux genres : *notre maison, votre château,* etc. *Mes, tes, ses; nos, vos, leurs,* sont pour le pluriel des deux genres. Exemple : *Mes plumes, mes canifs;* on écrit *ses* articles possessifs si le substantif qui suit appartient à quelqu'un ; dans le cas contraire, on écrit *ces.* Exemple : *Il n'aime pas ces complimens avec ses amis;* il *complimens* n'appartiennent à personne ; il faut *ces;* les amis appartiennent à *il, les amis* de lui ; il faut *ses.*

5ᵐᵉ *Règle. Leur* est pluriel si le substantif qui suit annonce une idée de pluralité. Exemple : *Ces femmes sont arrivées avec leurs maris*, les maris d'elles ; mais il est singulier 1° si le substantif qui suit marque une idée particulière : *ces messieurs sont arrivés dans leur voiture*, au singulier *leur*, s'ils n'avaient qu'une voiture pour tous ; s'ils en avaient plusieurs, on écrirait *leurs* au pluriel ; 2° lorsqu'il est joint à des substantifs abstraits, qui ne prennent pas le pluriel. Exemple : *Ces femmes sont parées de leur beauté.*

6ᵐᵉ *Règle.* Les articles indéfinis suivent les inflexions de leurs substantifs ; cependant *chaque* est toujours singulier des deux genres ; *quelque* est des deux genres seulement. Exemple : *Chaque personne, quelque chose, quelques hommes.*

7ᵐᵉ *Règle. Nul, tel, quel,* doublent leur dernière consonne au féminin. Exemple : *Quel homme, quelle femme ; nul homme, nulle femme ; tel homme, telle femme ; plusieurs* est des deux genres et des deux nombres : *plusieurs personnes, aucun, pas un*, prennent le féminin par l'addition d'un *e* muet, et n'admettent pas le pluriel à moins qu'ils ne soient joints à un substantif qui n'a pas de singulier.

8ᵐᵉ *Règle.* L'article *tout* est presque toujours suivi d'un article simple : *le, la, les*, après lequel se trouve un substantif ; il s'accorde avec ce substantif, c'est-à-dire qu'on ajoute *e* si le substantif est féminin singulier, et *es* s'il est féminin pluriel ; on supprime le *t* final pour le masculin pluriel, et l'on ajoute une *s.* Exemple : *Tous les hommes.* Lorsqu'il est mis pour *entièrement* et pour *quoique*, il est adverbe, et il suit la règle que nous indiquerons au chapitre *des adverbes.*

9ᵐᵉ *Règle.* L'article *même*, qui est des deux genres, est quelquefois adverbe, et par conséquent invariable. Il est article : 1. quand il précède le substantif, et il s'accorde avec lui. Exemple : *Les mêmes heures ;* 2. quand il est placé après *moi , toi, soi, lui , nous, vous, eux ,* dont il suit les inflexions , et auxquels il est joint par un trait. Exemple : *moi-même , nous - mêmes ,* etc. Lorsqu'il est joint à *vous* il reste quelquefois au singulier ; si *vous,* employé par honnêteté , tient la place d'une seule personne, comme *vous-même,* Monsieur, placé après un substantif, il est encore variable : *les hommes mêmes ;* lorsqu'il est placé après deux substantifs, il suit la règle que nous indiquerons au chapitre des *adverbes.*

10me *Règle.* L'article *quelque* est sujet à ces mêmes variations. Devant un substantif ou un adjectif, suivi ou non d'un substantif, il fait la fonction d'article et en suit les accidens , si toutefois on ne peut le remplacer par *quoique* ou par *à quelque point que.* Exemples : *Quelques personnes veulent ; quelques grands personnages sont arrivés ; quelques grandes lumières que vous possédiez,* etc. S'il est placé devant un verbe , il s'écrit en deux mots , *quel que* ou *quelle que ,* et le premier mot, bien qu'étant séparé du substantif qui suit le verbe, en prend le genre et le nombre. Exemple : *Quel que soit votre état, quelle que soit votre fortune ; quels que soient vos talens, quelles que soient vos richesses.*

THÈME CACOGRAPHIQUE.

Les 3 hommes furent les 1 mieux servis ; ces 3 femmes sont lé plus heureuses. Nous avons acheté deux cent 2 fusils , trois cent 2 quarante gibernes, quatre-vingt 2 schariots , quatre-vingts 2 dix plumets. Nous avons parcouru plus de dix mille 2 en mille 2 huit cent trente, pour voir deux milles 2 hommes. Des milliers 2 d'hommes se 3 flattent ; j'aime se 3 jeune homme et ses 4 vertu. C'est le fond de ma 4 ame ; ces 3 dames sont arrivées avec leur 5 maris ; j'ai admiré leurs 5 beautés. Chaque 6 place était réservée à plusieurs 6 personne ; nulle 7 homme n'osait s'en emparer ; quelle 7 homme peut dire qu'il est telle 6 qu'il devrait être ; aucuns 6 hommes, pas uns 6 hommes ne peut se flatter d'être parfait ; tout 8 ces hommes sont connus de tous 3 le monde. Vous convenez vous-même 9, Monsieur, que ce sont les mêmes 9 personnes qui seront arrêtées le même jour. Quel que 10 soit votre attention, vous ferez quelques 10 fautes. Je vous conseille 11 d'acheter un créyon 12 sans délès 13 ; une solution n'est point une hypothèse 14. Je suis enchanté 16 d'avoir trouvé une bonne pention 15. L'espérance 17 est le seul bien de celui qui panse 17 que l'evistence 17 n'est qu'un jeu de la nature.

•(••()••(••(••(••()••(••(••(••()••()••(••()••(••()••()•◦○◁○○◁○◁○◁○◁○○◁◁•(••(••()•·(••(••(•·(••(••(••(••(••(•

3me LEÇON.

ORTHOGRAPHE DES ADJECTIFS.

1. L'adjectif s'accorde en genre et en nombre avec le substantif ou le pronom qu'il qualifie.

1. Pour former le féminin, on ajoute un *e* muet à la fin de la plupart des adjectifs qui n'en ont point au masculin. Exemple : *Un homme prudent, une femme prudente* ; mais *habile, agréable,* sont des deux genres et et prennent toujours l'*e* muet ; on voit par-là la lettre qui doit terminer le masculin dans *grand*, c'est un *d*, et dans *petit* c'est un *t*.

Cependant les adjectifs qui finissent au masculin *l*, *n*, *s*, ou *t*, doublent au féminin leur dernière consonne. Exemple : *Un homme cruel, une*

*femme cruelle; un homme bon, une femme bonne;
un homme gros, une femme grosse; un homme muet,
une femme muette*; exepté, 1° pour ceux en *il* :
sextil, bisextil, civil, incivil, vil, viril, volatil;
2° pour ceux en *n* : *musulman, mahométan;* 3°
pour ceux terminés en *s* : *mauvais, niais;* 4° pour
ceux en *t* : *replet, complet, concret, secret, discret,
inquiet, dévot, bigot,* qui suivent la première
règle ; les derniers en *et* prennent un accent
grave sur l'*e*. Exemple : une femme *civile, musul-
mane, mauvaise, inquiète* et *bigote.* Plusieurs adjectifs forment le féminin d'une manière extraordinaire.

blanc	*fait*	blanche.		malin	*fait*	maligne.
franc		franche.		benin		bénigne.
sec		sèche.		long		longue.
public		publique.		oblong		oblongue.
caduc		caduque.		favori		favorite.
grec		grecque.		tiers		tierce.
turc		turque.		coi		coite.

Beau, nouveau, jumeau, fou, mou, vieux, font
au féminin *belle, nouvelle, jumelle, folle, molle,
vieille,* mais devant un substantif qui commence
par une voyelle ou une *h* muette, ils font *bel, nou-
vel, fol, mol, vieil*. Exemple : *Bel homme, nou-
vel appartement, vieil habit, mol abandon, fol
amour.*

2° Les adjectifs en *eur* ont cinq terminaisons
que l'usage fait connaître aisément en *se*, en *re*,
en *esse*, en *ice* et en *te* : *inférieur* fait *inférieure;
protecteur* fait *protectrice; parleur* fait *parleuse;
pécheur* fait *pécheresse; gouverneur* fait *gouver-
nante*.

Ceux en *x* ont plusieurs terminaisons : *honteux,*
fait *honteuse; faux* fait *fausse; doux* fait *douce;
roux* fait *rousse*.

3° L'adjectif *demi* placé devant le substantif, n'en prend point le genre, et se joint au substantif par un trait d'union. Exemple : *demi-heure*, des *demi-quintaux*, et s'il est placé après le substantif, il en prend le *genre* ; mais il reste au singulier. Exemple : *deux heures et demie.*

Remarquez que *demi* s'emploie quelquefois comme substantif féminin, et reçoit alors le pluriel ; ainsi l'on dit : *la demie est-elle sonnée ; cette pendule sonne les heures et les demies.*

4° L'adjectif *nu*, devant les noms pluriels : *pieds, jambes, tête*, est invariable, et se joint à un de ces substantifs par un trait d'union ; ainsi il faut écrire *nu-pieds, nu-jambes, nu-tête*; mais s'il est placé après le substantif, il prend le genre et le nombre : *il va les pieds nus, les jambes nues, la tête nue.*

Feu est invariable avant l'article. Exemple : *Feu la reine;* mais il varie quand il est placé après l'article : *la feue reine.*

5° L'adjectif *grande* perd quelquefois l'*e* devant les substantifs qui commencent par une consonne; mais alors on indique cette suppression par une apostrophe (') comme *grand'mère, grand'messe*, parce qu'il désigne le nom de la chose plus particulièrement que la qualité de *grande.*

On met un accent circonflexe sur l'*u* de *sûr*, lorsqu'il signifie une chose vraie : *Cela est sûr;* mais on n'en met point sur l'*u* de l'adjectif *sur*, qui signifie *aigre, des pommes sures*; on en met un sur l'*u* de l'adjectif *mûr* qui exprime la maturité : des *raisins mûrs*, des *cerises mûres*, et sur l'*u* de l'adverbe *mûrement*, ainsi que sur celui du verbe *mûrir* et du substantif *mûrier.*

6° Le pluriel dans les adjectifs se marquent comme dans les substantifs par *s* à la fin : *un joli livre, deux jolis livres* ; mais ceux qui finissent au singulier par *x* ou *s* n'ajoutent rien au pluriel.

Exemple : *Un homme heureux, des hommes heureux; un homme gros, deux hommes gros.*

Ceux en *au* prennent le pluriel par *x* : *Un beau canif; de beaux canifs.* Au singulier comme au pluriel les adjectifs en *eu* se terminent par *eux*, excepté *bleu* qui suit la première règle de cette leçon ; *des yeux bleus* ; *Hébreu* et *feu* prennent aussi le pluriel par *x* : *fou* prend le pluriel par *s* : *des hommes fous.*

Les adjectifs en al, comme *égal*, prennent le pluriel par *aux* : *Ces hommes ne sont pas égaux*; excepté, *filial, fatal, frugal, austral, pascal, pastoral, naval, trivial, vénal, conjugal, boréal* et *final.*

Remarque. *Naval, pastoral, vénal, boréal* et *filial* n'ont point de pluriel masculin ; on cherche alors un pluriel féminin qui soit synonyme : au lieu de dire *des combats navals*, on dit *des batailles navales.*

7º Les adjectifs composés de deux adjectifs ne prennent point la marque du pluriel et s'unissent par un trait d'union, parce que le premier devient substantif. Exemple : *Des cheveux chatain-clair, des habits noir-brun ;* excepté *aigre-douces.* On dit *des oranges aigre-douces*, en mettant *douces* au pluriel, parce que *aigre* fait la fonction d'adverbe *aigrement douces.*

8º L'adjectif qui qualifie plusieurs substantifs se met au pluriel. Exemple : *Le roi et le berger sont égaux après la mort.* Si ces deux substantifs sont de différens genres, on met l'adjectif au masculin pluriel. *Mon père et ma mère sont contens*, et non pas *contentes.*

Mais si l'adjectif qualifie plusieurs substantifs synonymes ou qui sont liés par la conjonction *ou*, marquant l'exclusion, il s'accorde avec le dernier, parce que c'est à ce dernier que l'esprit s'attache particulièrement. Exemple : *Il a travaillé avec un goût, une application surprenante.*

9º, L'adjectif employé adverbialement est invariable; ainsi on écrit ces *demoiselles chantent juste;* ici *juste* est adverbe, il est invariable. Celui qui est placé après deux substantifs unis par une préposition, s'accorde avec le premier substantif. *Je l'ai revu après deux heures de jour passées à la promenade; passées* s'accorde avec *heures*, et non avec *jour*; on dit cependant *un bouquet de roses blanches*; le sens indique le rapport.

10º L'adjectif précédé du mot *peu*, suivi d'un substantif, s'accorde avec *peu*, si ce dernier est le mot principal de la phrase. Exemple. *Le peu d'affection témoigné à ce ministre causa la guerre.* Ici *peu* est le mot principal de la phrase, parce que c'est le *peu*, le manque réel qui causa la guerre, et c'est avec lui que s'accorde *témoigné*; mais si l'on dit *le peu d'affection témoignée* à ce ministre suffit pour le disposer à la paix; là c'est *l'affection* qui a produit ce résultat; *affection* est donc le mot principal de la phrase, et c'est avec lui que s'accorde l'adjectif *témoignée*.

Remarque. L'adjectif qui reçoit le genre et le nombre du substantif ne peu jamais le donner; ainsi un ou plusieurs adjectifs ne sauraient faire varier le substantif: on écrira *le premier et le second étage* au singulier, parce que cette phrase est elliptique; c'est comme si l'on disait *le premier étage et le second étage.* L'article seul suffit d'ailleurs pour marquer le singulier.

ORTHOGRAPHE RADICALE.

11º On écrit par *eau* la fin de tous les mots affectés de cette prononciation, comme *morceau*, excepté, 1. où cette diphtongue commence par *y*, alors on supprime l'*e*, comme *boyau*.

12º *Ue* termine tous les substantifs féminins, excepté *vertu*, qui finit par *u*. Exemple: *avenue, vue*, etc.

13° *U* termine tous les substantifs et les adjectifs masculins, comme *bourru, interrompu;* excepté où la dérivation exige une *s* ou un *t*, comme *début* (débuter), *abus* (abuser).

14° *Oue* termine les substantifs féminins sans exception : *la joue*, etc.

15° La consonne *b* se double dans *abbaye, abbé, rabbin, sabbat, abbesse, sabbatique;* elle est simple dans tous les autres mots : *abandon, abuser.*

16° Le *c* se double dans les mots qui commencent par *ac oc*, comme *accès, occasion*, excepté *Océan, oculaire, acabit, académie, acariâtre, acoquiner*, et quelques dérivés lorsque le *c* est suivi d'une consonne, comme *octobre.*

17° La consonne *d* ne se double que dans *addition, reddition*, partout ailleurs elle est simple ; et le *d* est toujours suivi d'un *é* muet, excepté dans *Sund, sud.*

18° *F* se double dans les mots qui commencent par *af, ef, of*, comme *affront, effrayer, offenser*, excepté *afin, Afrique*, et ses dérivés. Cette lettre termine les substantifs et les adjectifs où elle se fait sentir, comme *neuf, chef*, excepté *pontife, calife, golfe, escogriffe;* le *fe* se rend par *phe* dans les mots qui finissent par *af* ou *of*, comme *orthographe, apostrophe*, excepté *agrafe, dégrafe, étoffe;* on écrit par *f* la *clef, cerf*, quoique l'*f* ne se prononce pas.

THÈME CACOGRAPHIQUE.

Les prières d'une feme spirituele 1 et dévotte 1 ne sont ni fauces 2 ni dangereuses 2. J'ai cru avoir vu feue 4 ma nièce et ma feu 4 mère dans un nouveau 1 appartement. Pendant demie-heuré 3, avec ma grande mère 5, qui venait de la grand'messe 5 du prone. C'est une chose sure, ne mangez les mures 5 de murier 5 que quand elles sont mures 5.

Ne marchez pas les pieds nu 4 , ni nue-tête 4 cette habitude serait pernicieuze 2. Les plus beau 6 livres ne sont pas les plus volumineux. 2 Ces deux hommes sont devenus fou 6 ; les Hébreux les avaient dépouillés de leurs habits bleux 6 ; les deux combats navals 6 étaient inégals 3 ; nous avons des habits bleus-tendres 7. J'ai mangé des oranges aigre-douces 7 mon frère et ma sœur sont satisfait 8 de ce riche présent qui les rend contentes 8. L'attention ou le goût étonnans 8 dont il fait preuve nous fait espérér quelques succès ; son applieation , son aptilude continuelles 8 aura un très-heureux résultat. Ces demoiselles chantent juste 9. Les deux paniers d'osier vendu 9 à ma sœur ont été faits par les deux ouvriers de la ville logée 10 dans notre maison. Le peu d'application aporté 10 à son devoir a suffit pour qu'il fut parfait. Le peu d'affection témoigné 10 à ma sœur l'a afffligée. Il a fait impromptu 12 sur la vertue 11. Il y a abandonné 15 son abaye 15. La redition 17 de Paris a occasionner 16 un changement dans la politique de la France. C'est un affront 18 que d'être apostrophé 18 par un escogriff 18.

4me LEÇON.

ORTHOGRAPHE DES PRONOMS.

1. Les pronoms *conjonctifs* de la troisième personne prennent le genre et le nombre des substantifs auxquels ils se rapportent. Exemple : *Mon frère est venu* me voir *avec ma sœur. Il est reparti avec elle; ils reviendront tous deux; ils se rapporte* à frère ; *elle* à sœur, et *ils* à tous les deux.

2. Les pronoms *personnels* suivent la même règle ; mais *en* et *y* sont invariables. Exemples : *Voilà du pain, j'en veux ; voilà des fruits, j'en veux ;* le premier pronom *en* se rapporte à *pain,* qui est singulier, et le second se rapporte à *fruits,* qui est pluriel, cependant l'un et l'autre s'écrivent de même.

Lorsqu'un pronom *personnel* se rapporte à un adjectif ou à quelqu'autre mot, il est toujours masculin singulier. Exemple : *Catherine de Médicis était jalouse, elle le devait être.* Le pronom *le* se rapporte à l'adjectif *jalouse* ; il est masculin singulier.

3. Les *pronoms possessifs* s'accordent avec la personne ou la chose dont ils tiennent la place ; l'*o* de *nôtre* et *vôtre* prend un accent circonflexe quand ces mots sont pronoms ; il n'en prend point si ces mots sont articles. L'article *le, la, les,* dont ils sont précédés quand ils sont pronoms, suffit pour les distinguer.

4. Les pronoms *démonstratifs commencent par c* ; ceux qui sont suivis de *ci* ou de *la* s'unissent à cette particule par un trait d'union ; le mot *là* prend un accent grave. Exemple : *Je n'aime pas ceux-ci, ceux-là.*

5. Les pronoms *relatifs : qui, que, dont,* sont invariables ; mais *lequel, duquel, auquel,* sont masculin singulier ; *laquelle* est féminin singulier ; *lesquels, desquels, auxquels* sont ponr le masculin pluriel, et *lesquelles, desquelles, auxquelles* sont pour le féminin pluriel.

6. Les pronoms *interrogatifs* sont invariables ; mais les pronoms *relatifs* s'écrivent ainsi : première personne singulière, *me* ; première personne plurielle, *nous* ; deuxième personne singulière, *te* ; deuxième personne du pluriel, *vous* ; troisième personne des deux genres et des deux nombres, *se.*

On distingue *ce* de *se* de cette manière : quand avant *ce* ou *se* on peut mettre *il* ou *il faut*, on doit écrire *se*. Exemple : *Ce n'est pas se flatter* ; on ne peut pas dire : *il ce n'est pas*, il faut *ce* ; on peut dire : *il faut se flatter* ; il faut *se*.

7. Les pronoms *indéfinis* sont toujours du singulier masculin : cependant lorsque le féminin est explicitement énoncé, l'adjectif qui s'y rapporte en suit les accidens ; ainsi l'on dira : *quiconque de vous, mesdemoiselles, sera assez hardie* ; on voit que *hardie* est féminin, quoiqu'il se rapporte au pronom *quiconque*.

8. Les mots *nul, aucun, pas un* ne prennent point la marque du pluriel, excepté lorsqu'ils sont joints à un substantif qui n'a point de singulier. Exemple : *Aucune des troupes n'arrive ; aucuns de nos ancêtres ne nous déshonorent.*

9. Le pronom *leur* qui est toujours joint à un verbe, est des deux genres et des deux nombres ; il ne prend point la marque du pluriel. Exemple : *Je leur parle* ; il ne prend le pluriel que lorsqu'il est article.

ORTHOGRAPHE RADICALE.

10. *Al* termine les substantifs et les adjectifs masculins *carnaval, bal*, excepté *cannibale, dédale, hâle, ovale, mâle, râle, scandale, vandale, sale.*

11. *Ale* termine les verbes, les substantifs et les adjectifs féminins, comme *j'étale, cabale, filiale*, excepté *balle, dalle, Galles* (pays), *salle*, et quelques verbes, *ralle, j'emballe.*

12. *El* termine les substantifs et les adjectifs masculins, comme *tel, manuel*, etc. excepté *érysipèle, modèle, parallèle, zèle, fidèle, libelle, vermicelle, rebelle.*

13. *Elle* termine les substantifs et les adjectifs féminins, comme *nouvelle, bagatelle,* excepté *hydrocèle, grêle.*

14. *Il* termine tous les mots masculins autres que ceux en *ille,* comme *profil,* excepté *argile, concile, crocodile, évangile, reptile, péristyle, style.*

15. *Oile* termine tous les mots comme *étoile,* excepté le seul mot *poil.*

16. *Ole* termine tous les substantifs, les adjectifs féminins et les verbes, comme *école,* je *rafole,* excepté *boutcrolle, colle, molle, folle. Ol,* termine tous les substantifs masculins : *vol, col,* etc., excepté *pôle, capitole, protocole, symbole.*

17. *Oule* termine tous les mots, comme *boule,* excepté *soul* et les adjectifs féminins. *Oulle* ne termine aucun mot.

18. *M* se redouble quand il est précédé de *a,* de *i* ou de *o,* comme *grammaire, immortel, hommage,* excepté *comédie, comestible, comessation, comète, comique, comices, comité, imaret, image, imiter,* et quelques dérivés.

THÈME CACOGRAPHIQUE.

Mon frère est arrivé avec *ma sœur ; ils* 1 repartira avec *elles ; il* 1 ne reviendront pas de sitôt. *Catherine de Médicis* était *jalouse de son autorité,* et *elle la* 2 devait être ; êtes-vous *la femme* que j'admire? oui je *le* 2 suis. J'aime mieux *vôtre* 3 *maison* que la *nôtre* 3. Je connais *les bons* et *les méchans ;* je n'aime pas *seux-si* 4, j'aime mieux *ceux-là. La grammaire est une science auquel* 5 je m'applique. *Ces hommes auquelles* 5 *nous* parlons sont ceux *donc* 5 nous nous plaignons. *Que* 6 pensez-vous que soit le roi du ciel *qui* 6 fait mourir les rois de la terre. Ce *quis* 6 me fâche *s'est* 6 de voir que les papillons ne ce 6 souviennent plus qu'ils ont été chenilles. *Quiquonques* 7 de vous mes dames, a été *puni* 7 injustement. Je n'ai vu *aucuns* 8 de vos parens ; pas un 8 de vos *ancêtre* n'étaient savans. Je *leurs* 9 ferais observer que je ne *leurs* 9 ai jamais rien fait de semblable. Le *carnavale* 10 a toujours été un *scandal* 10 aux yeux de certaines personnes. La *caballe* 11 n'est pas un *model* 12 de bienséance. La *grêlle* 13 n'est pas toujours une *bagatèle* 13. Le *vaisseaux* qui a mis à la *voil* 14 hier a pêché un *crocodil* 15. Cette demoiselle est *fole*. 16 Je vais à *l'écolle*. 16 La terre est appelée vulgairement la *boûlle* du monde. La *gramaire* 18 n'est pas une chose *commique* 18.

5ᵐᵉ LEÇON.

ORTHOGRAPHE DES VERBES.

1ʳᵉ *Règle*. Le verbe est du même nombre et de la même personne que son sujet, et s'il a plusieurs mots pour sujet, il doit être pluriel, sauf les exceptions dont nous parlerons plus loin. Lorsque la première personne du singulier finit par un *e* muet ou par *ai*, prononcé comme *é* fermé, on ajoute une *s* à la seconde ; dans le premier cas, la troisième est semblable à la première. Exemple : *Je chante, tu chantes, il chante*; dans le second, la troisième finit par *a* sans *s*. Exemple : *Je chantai, tu chantas, il chanta. J'aimerai, tu aimeras, il aimera* ; il n'y a qu'une exception, c'est la seconde personne du singulier de l'impératif qui a des règles particulières.

2ᵐᵉ *Règle*. Lorsque la troisième personne du singulier d'un verbe n'a pas la terminaison des verbes dont on vient de parler, la première et la seconde personne finissent toujours par *s*, et la troisième par *t*, excepté quelques verbes de la quatrième conjugaison dont nous parlerons à la quatrième règle. Exemples : *Je finis, tu finis, il finit; je reçus, tu reçus, il reçut*, etc.

3me *Règle*. La première personne du pluriel se termine toujours par *ons*, comme nous *aimons*, et la seconde par *ez*, comme vous *aimez*, excepté quand ces deux personnes se terminent par la chûte d'un *e* muet; alors on ajoute *s* après *e*, et la penultième voyelle doit être surmontée d'un accent circonflexe. Exemples : *Nous fûmes, vous fûtes; nous allâmes, vous allâtes*, etc. ; la troisième personne du pluriel finit par *ent*, comme *ils chantent. Ces demoiselles aiment la vertu;* excepté la troisième personne du fûtur qui finit toujours par *ront, ils finiront*, etc.

4me *Règle*. Les trois premières personnes du singulier des verbes dont la dernière syllabe qu'on nomme *racine*, se termine a l'infinitif en *dre*, comme *perdre, prendre* conservent la première lettre de cette racine, après laquelle on ajoute un *s* aux deux premières personnes sans rien ajouter à la troisième. Exemples : *Je perds, tu perds, il perd; je prends, tu prends, il prend;* il y a une exception pour les verbes en *aindre* et en *oudre*, ceux-là suivent la règle générale, c'est-à-dire que l'on supprime le *d*. Exemple : *Je crains, tu crains, il craint; je dissous, tu dissous, il dissout.*

5me *Règle*. Les verbes dont les trois premières personnes du singulier finissent par la prononciation *au* ou *eu* prennent un *x* à la première et à la seconde personne, et un *t* à la troisième. Exemple : *Je veux, tu veux, il veut.*

6me *Règle*. Lorsque les verbes se terminent par la prononciation d'un *è* ouvert, tels que l'imparfait et le conditionnel; cette terminaison s'écrit par *ais* à la première et à la seconde personne du singulier, et par *aît* ou par *aient* à la troisième selon qu'elle est au singulier ou au pluriel ; c'est ce qu'on appelle l'*orthographe de Voltaire* ; par ce que ce dernier se déclara le chaud partisan d'un nommé Bérain, avocat au parlement, qui en est le novateur. Cependant beaucoup d'écrivains con servent encore la diphthongue *ois, oit.*

7me *Règle.* Lorsque le verbe finit par *insse* à l'imparfait du subjonctif, ont met deux *ss*, quoiqu'il ne soit pas entre deux voyelles, et la dernière voyelle de la troisième personne du singulier de ce temps doit être surmontée d'un accent circonflexe. Exemple : *Il fallait que je devinsse, que tu devinsses, qu'il devînt.*

8me *Règle.* Pour connaître la troisième personne du singulier de l'imparfait du subjonctif de la troisième personne du singulier du prétérit défini on met le sujet au pluriel ; si la dernière consonne du verbe se prononce *re*, le verbe est au prétérit, alors point d'accent sur la dernière voyelle ; si elle se prononce *se* il est à l'imparfait, il faut un accent. Exemple : *Lorsque mon frère fut arrivé ; je voudrais que mon frère fût arrivé ;* dans la première phrase on dirait *lorsque mes frères furent ;* dans la seconde, *je voudrais qu'ils fussent ;* donc il faut un accent dans la seconde phrase, il n'en faut point dans la première.

9me *Règle.* On est quelquefois embarrassé pour distinguer l'infinitif de la première conjugaison du participe passé de la même conjugaison ; dans ce cas il faut voir si l'on peut y substituer le verbe *faire.* Ainsi pour savoir s'il faut écrire *il faut travaillé* ou *il faut travailler,* je dis, *il faut faire ;* or, je vois que *faire* est le temps qui convient donc, je dois écrire *travailler.*

10me *Règle.* Haïr est de deux syllabes à l'infinitif, et s'écrit avec deux points sur l'*i* ; il retient la même prononciation et la même orthographe dans tous ces temps, excepté les trois personnes du singulier du présent de l'indicatif, et dans la seconde personne du singulier de l'impératif ou il n'est que d'une syllabe, et s'écrit sans les deux points sur l'*ï*, *je hais*, *tu hais*, *il hait*, se prononcent, *je hès*, *tu hès*, *il het*; la lettre *h* s'aspire dans tous les temps de ce verbe.

11me *Règle*. La seconde personne du singulier de l'impératif prend un *s* après l'*e* quand cette personne est suivie des pronoms *en*, *y*, on dit bien *porte ces livres*; mais si se verbe est suivi de *en* ou *y*, on dira *prêtes-en à ton frère*, *portes-y des livres*; cependant, si *en* peut se changer en *dans* il est préposition, alors le verbe ne prend point de *s*; on dit bien *donne en cette occasion des preuves de ton zèle*; de même l'impératif *va* prend une *s* quand il est suivi du pronom *y*, comme *vas-y*; mais si ce pronom *y* est suivi d'un verbe à l'infinitif, l'impératif ne prend point d's ni de trait d'union. Exemple : *va y mettre ordre*.

12me *Règle*. Quand le verbe qui précède *il*, *elle*, *on*, finit par une voyelle, on ajoute un *t* entre deux tirets devant ces pronoms; pour éviter un hiatus, comme *viendra-t-il*, *aime-t-on*; cependant, dans le verbe pronominal *s'en aller*, on écrit à l'impératif *va-t'en*, et non *va-t-en*, parce que ce n'est point ici le *t* euphonique, c'est le pronom personnel *te* dont la dernière lettre se trouve supprimée, et lorsque le sujet est après le verbe, ces deux mots sont liés par un trait; dans tout autre cas, le verbe finit par *d* ou *t*, on ajoute un tiret, *finit-il*, *prend-il*.

ORTHOGRAPHE RADICALE.

13me *Règle*. Les verbes en *aindre* commencent

par *ein*, comme *feindre*, *peindre*, excepté *con-traindre*, *craindre*, *plaindre*, *vaincre*.

14ᵐᵉ *Règle*. Les verbes en *endre* s'écrivent par *en*, comme *rendre*, *prendre*, excepté *répandre*.

15ᵐᵉ *Règle*. Les verbes en *eler*, en *eter*, comme *appeler*, *jeter* qui n'ont qu'un *l*, ou qu'un *t* double; cette lettre lorsqu'elle est suivie d'un *é* muet, ainsi l'on écrit *acheter*, *chanceler*, et *j'achette*, *je chancelle*; excepté *regretter* et *je mettais*, qui prennent deux *tt*; les verbes qui se terminent en *ène*, ou *ienne* prennent aussi deux *nn*; *que je prenne*, *que je tienne*; ceux qui ont l'infinitif en *les* ne prennent qu'un *l*; mais il faut excepter trente-sept mots que l'usage fait connaître.

16ᵐᵉ *Règle*. Les verbes en *ayer*, *oyer* prennent un *i* après l'*y* dans les temps passés, mais au présent ils n'en prennent point. Exemple : *aujourd'hui nous employons*, *nous essayons*, *autrefois nous employions*, *nous essayions*. Les verbes en *ier* prennent deux *ii* à l'imparfait. Exemple : *aujourd'hui nous prions*, *hier nous priions*. Ceux dont le participe est terminé en *uant* prennent un tréma sur l'*i* à l'imparfait de l'indicatif et au subjonctif. Exemple : *Nous tuïons*, *nous suïons*.

17ᵐᵉ *Règle*. Les verbes *achever*, *lever*, *mener*, *dépecer*, *peser*, et leurs composés prennent un accent grave sur la pénultième voyelle, dans les temps où les autres doublent la consonne. Exemple: *J'achève*, *j'amène*, *je lève*.

18ᵐᵉ *Règle*. Les verbes dont la dernière syllabe commence par *c* prennent une cédille sous cette consonne; ceux en *ger* prennent un *e* après le *g*. Exemple : *Je menaçais*, *je mangeais*.

19ᵐᵉ *Règle*. Les mots qui commencent par *om*, *am* ou *hom*, *ham* ne prennent qu'un *m*, excepté *homme*, *l'hommage* et les dérivés; on écrit *femme*, et l'on prononce *fame*.

20ᵐᵉ *Règle*. *N* se double après les syllabes *tion*,

son comme *conditionnel*, *sonner*, excepté *national* et *sonore*, cette lettre est toujours suivie d'un *e* muet à la fin des mots ou elle n'a pas un son nazal, excepté *amen*, *hymen*, *abdomen*, *éden*, elle est simple entre deux *o*.

21ᵐᵉ *Règle*. *P* se double dans les mots qui commencent par *ap*, *op*, *up*; comme *apprenti*, *opposition*, *supplice*; mais il y a beaucoup d'exception. Il est simple dans *supin*, et dans tous les mots qui commencent par *super* ou *supré*, excepté *supprimer suppression*.

22ᵐᵉ *Règle*. *Q* ne se double dans aucun mot, mais il est précédé de *c*, dans *acquit*, *acquérir*, *acquiter*, *acquiescer*; dans les verbes en *quer* ou conserve le *q* dans tous les temps, comme *vaquer*, etc.; mais si quelques dérivés deviennent *adjectifs* ou *substantifs*, on doit remplacer les deux lettres *q u* par un *c* comme *fabricant*; des emplois *vacans*; excepté *attaquable*, *critiquable*, *croquant immanquable*, *marquant*, *piquant*, *remarquable et risquable*.

THÈME CACOGRAPHIQUE.

Mon frère et ma sœur m'assurent 3 que je parle 1 trop et que tu ne parles 1 pas assez ; à la vérité, je parlai 1 beaucoup hier, et tu ne parlat 1 guère. Je m'apperçut 2 et il s'apperçu 2 aussi du plaisir que nous éprouvions ; 3 il me dit 2 : vous savez 3 ou nous allâmes 3 hier, et ou vous allâte dernièrement. On perds son temps quand on prend 4 plaisir à ue rien faire. Je craint 4 que le plaisir que je prend 4 et que je veut 5 continuer de prendre ne soit pas pur. Il ne vaux 5 pas celui qu'on éprouves 1 en faisant une bonne action. J'aimait 1 à voir ces villageois qui danssait 1 sous ce vieux chêne. Il fallais 1 que je devinsses 7 spectateur, et que mon frère fût 8 aussi le témoin de leurs amusemens. Lorsque ce dernier fût 8 parti il fallut se retiré 9 après avoir néanmoin danser 9 fort long-temp ; mois qui hait 10 la mauvaise société, je ne haissait 10 pas celle-là. Va-ten 11 me répond-il 12. Mon père que me dira-t'il 12 si je ne fais 1 pas mon devoir. M'applaudira-t-on 12 d'avoir dérobés. Portes 11 des secours, porte-zen 11 au malheureux ; va marche, va yi 11 sur le champ ; vas-y 11 mettre ordre. Il faint 13 de nous rendre 14 honneur pour honneur. J'appèle 15 ceux que j'ai promis d'appeler. 15 parce que il faut que je tiène 15 ma parole. Nous prions 16 tous les jours nos enfans d'achever 17 leur ouvrages. Fuyiez 16 les mauvaises compagnie, j'engageais 18 mon frère à rendre homage 19 à la vertu. J'honnore 20 la science au suprême 21 degré ; c'est par elle que j'ai aqquis 22 quelque connaissance.

6me LEÇON.

1re. Quand le pronom *je* se trouve après un verbe qui se termine au présent de l'indicatif par un *e* muet, il faut mettre un accent aigu sur cet *é*, et dire *aimé-je*, parce qu'à la chûte d'un verbe on ne tolère point deux syllabes muettes de suite.

2me L'orsque la racine de l'infinitif terminé en *tre*, comme *connaître* est précédé d'un *i*, cette lettre est suivie d'un *t*. Fxemple : *connaître*, *il connaît*, *il connaîtra*, etc. ; on en met un aussi dans *il plaît*, quoique ce verbe n'ait point de *t* à l'infinitif.

3me Quoiqu'un verbe qui se rapporte à deux

sujets singuliers, ils doivent se mettre au pluriel, le verbe reste au singulier quand les deux sujets sont unis par la conjonction *ou*. Exemple : *La séduction ou la terreur l'a entraîné.* Mais lorsque cette conjonction sert à lier des pronoms de différentes personnes, on met le verbe au pluriel et de la personne qui a la priorité, laquelle doit être nommée la dernière ; la première à la priorité sur la seconde, et celle-ci sur la troisième. Exemple : *Vous ou moi partirons ; lui ou vous parlerez.* Un substantif sujet est toujours de la troisième personne ; ainsi l'on écrira : *votre frère partira.*

4me On met le verbe au singulier, 1° lorsque les mots composant le sujet sont placés par gradation. Exemple : *Le bandeau, le fer, la flamme est toute prête* ; 2° lorsqu'il y a une expression générale qui réunit les substantifs précédens. Exemple : *Bien, honneur, dignité, tout disparaît à la mort.*

5me Lorsque plusieurs substantifs sujets liés par la conjonction *ni* peuvent faire l'action, on met le verbe au pluriel. Exemple : *Ni mon frère ni ma sœur ne viendront* ; dans le cas contraire, on met le verbe au singulier. Exemple : *Ni mon cousin ni mon oncle ne sera parrain*, cette règle s'applique *à ni l'un ni l'autre* (voyez la dixième remarque).

6me Lorsque les substantifs, sujets d'un verbe, sont synonymes le verbe reste au singulier. Exemple : *Son courage, son intrépidité étonne les plus braves* ; parce qu'il n'y a qu'une seule idée et qu'un substantif qui puisse faire l'action.

7me Lorsque les substantifs sujets sont liés par une des conjonctions, comme *de même que, ainsi que*, et d'autres mots équivalens, le verbe reste au singulier, parce que le second substanti est le sujet d'un verbe sous entendu. Exemple *La vertu ainsi que le savoir a son prix.*

8me Lorsqu'un verbe a pour sujet un substantif pluriel précédé de *un* ou *une* , suivi de *de* ou *des* et d'un pronom relatif ; il faut examiner si le pronom relatif, qui oblige le participe ou le verbe à prendre l'accord , a pour antécédent le substantif singulier, sous entendu avant la préposition *de* , ou le dernier substantif ; dans le premier cas on emploie le singulier , et dans le second c'est le pluriel.

Exemple du premier cas : *C'est un de nos meilleurs grammairiens qui a fait cette faute* : ici le verbe est singulier , parce qu'il s'agit du grammairien sous entendu après *un* , qui a fait la faute.

Exemple du second cas : *C'est un des hommes qui pillèrent la maison* : ici le pronom *qui* a pour antécédent *hommes* ; le verbe est au pluriel, parce qu'il s'agit des hommes qui pillèrent la maison.

9me Lorsqu'un verbe a pour sujet un substantif collectif, il s'accorde avec le collectif ; si le substantif collectif est général, et avec le substantif qui suit le collectif, si c'est un collectif partitif. Exemple : *L'armée des ennemis est vaincue ; vaincue* s'accorde avec armée , collectif général ; mais si l'on dit : *La plupart des enfans sont légers* , le verbe *sont* ne s'accorde pas avec *plupart* , mais avec le substantif *enfans* , qui suit.

Les adverbes de quantités doivent être considérés comme des collectifs partitifs : dès-lors , les collectifs partitifs font la fonction d'adverbes. Exemple : *Une infinité de personnes sont malheureuses ; beaucoup de personnes sont malheureuses.*

Les grammairiens veulent que le verbe et le participe ou l'adjectif s'accordent avec le collectif partitif, si le substantif qui suit est singulier ; ainsi on écrira d'après cette règle : *la plupart du peuple était attentive* ; cette règle n'est pas exacte , car quelle différence y a-t-il entre *la plupart des gens sont attentifs* , et *la plupart du peuple est attentif*; le pluriel ou le singulier ne doit point changer le sens de la phrase, et le rapport doit être toujours le même.

10me Le verbe être précédé de *ce* ne prend le pluriel que lorsqu'il est suivi d'une troisième personne plurielle ; il reste au singulier dans tout autre cas, même lorsqu'il est suivi de plusieurs substantifs liés par la conjonction *et*. Exemples : *C'est moi, c'est toi, c'est nous, c'est vous, c'est la vertu et la science que j'aime ; et ce sont eux, ce sont les méchans que je déteste.*

Remarquez que plusieurs verbes à l'infinitif ne peuvent faire mettre un autre verbe au pluriel. Exemple : *Boire et manger c'est mon plaisir.*

ORTHOGRAPHE RADICALE.

11 *Éque* termine tous les mots affectés de cette finale, comme *bibliothèque*, etc, excepté *avec, bec, échec, grec, pec, québec, Salamalec, sec.*

12me *Ique* termime tous les mots affectés de cette finale, comme *république*, excepté *agaric, alambic, aspic, basilic, cric, diagnostic, mastic, pic, pronostic, public, ric-à-ric, syndic, tic, trafic.*

13me *Uque* terminé, 1° Tous les adjectifs féminins affectés de cette finale, comme *turque*, etc. ; 2° et les sept mots suivans : *caduque, eunuque, lucques, moluques, nuque, perruque, reluque.*

14me On écrit par *ur* la fin des substantifs et des adjectifs masculins qui on cette terminaison, comme *sur, pur.* Les adjectifs les substantifs féminins et les verbes finissent par *ure, avanture, je jure, sûre, pure.*

15me *Our* termine tous les mots, comme *jour,* excepté *bourre, bravoure, mourre, pandoure,* et tous les verbes en *oure* et *ourre.*

THÈME CACOGRAPHIQUE.

Quelle preuve ne donné jé1 pas de mon amitié. On ne doit paraitre 2 que ce que l'on est. Il parait 2 que ce monsieur ne connait 2 pas cette maxime. Le vice ou la vertu occupent 3 toujours une place dans le cœur. C'est vous ou moi qui suit 3 le roi. Le fer ; la flamme sont 4 tout prêts. Pauvre riche, nul ne peuvent 4 se soustraire à la fureur du tyran. Ni l'un ni l'autre ne seront 5 parrain ; ni l'un ni l'autre n'est 5 sage. La valeur, l'intrépidité de ce guerrier étonnent 6 les ennemis. L'amour de même que le jeu ont 7 ruiné bien des familles. Charles est un de mes enfans qui se sont noyés 8. C'est un des hommes qui *s'est* 8 échappés. Le peuple des villages ont été 9 vaincu. La plupart des enfans *est* 9 légère. C'est 10 eux qui vous prient d'être sage. Ce sont 10 la vertu et la science qui nous rendent heureux. Boire et manger sont 10 des choses nécessaires. Une valeur intrinsec 11 n'est point une chose burlesque 11. L'acceuil favorable du bublique 12 est un très bon pronostic 12. Les Molluns 13 sont des animaux invertébrés. L'amoure 15 du travail barre le chemin de la misère. Les avantur. 14 de Thélémaque sont un chef-d'œuvre de Fénélon.

<hr>

7me LEÇON.

ORTHOGRAPHE DES PARTICIPES PRÉSENT ET PASSÉ.

1er Le participe présent est toujours invariable, tandis que l'adjectif verbal présent s'accorde en genre et en nombre avec son substantif. Exemple du premier cas : *J'ai vu cette femme craignant de vous approcher. Cette demoiselle brillante d'attraits est admirée.*

2me Le participe passé construit avec l'auxiliaire *être* s'accorde avec son sujet, excepté quand le participe est celui d'un verbe réfléchi. Exemple : *La foudre est tombée ; les ennemis ont été vaincus.*

3me Le participe passé, construit avec l'auxiliaire *avoir* est invariable, excepté quand il est précédé de son régime, avec lequel il s'accorde ordinairement, comme on le verra plus loin ; mais il ne s'accorde jamais avec son sujet ni avec son régime quand celui-ci est après. Exemples : *Nous avons chanté ; ces demoiselles ont aimé la vertu ; chanté* et *aimé* sont invariables.

4me L'adjectif verbal passé s'accorde toujours avec le substantif qu'il qualifie. Exemple : *Un prince, nourri par une femme de mauvaise vie, élevé par des bergers, devenu chef de brigands, jeta les premier fondemens de la capitale du monde ; ces* mots *nourri, élevé, devenu,* sont des adjectifs verbaux passés qui s'accordent avec le substantif *prince* ; mais il est invariable s'il est suivi immédiatement d'un substantif, parce qu'alors il sert de préposition ; de ce nombre sont les participes *supposé, compris, excepté, joint, inclus* et *passé.* Exemple : *Mes parens sont tous morts, excepté mes cousines* ; mais si l'adjectif verbal est après le substantif, il s'accorde avec ce dernier. Exemple: *Mes parens sont tous morts, mes cousines exceptées* ; l'usage veut qu'on écrive : *ci-joint copie, ci-inclus copie, et ci-jointe la copie, ci-incluse la copie,* parce que dans le dernier cas, le substantif est pris dans un sens déterminé par l'article.

5me Le participe passé combiné avec l'auxiliaire *avoir,* s'accorde avec son régime, si ce régime est avant lui ; mais il est invariable, si ce régime est après lui. Exemples : *Voilà des livres que vous m'avez prêtés ; nous avons reçu la lettre que vous m'avez écrite*; vous m'avez prêté, quoi? *des livres*; vous avez écrit, quoi, *une lettre*; *livres* et *lettre* sont des régimes qui précèdent le participe, et avec lesquels le participe doit s'accorder; mais si je dis: *nous avons reçu une lettre*; en faisant la question indiquée, on verra que le régime *lettre* est après le participe; par conséquent point d'accord.

D'après cette règle, les participes des verbes neutres qui ne peuvent point avoir de régime direct sont toujours invariables, on écrira: *Les heures que vous avez dormi*, sans accord; car on ne peut pas dire, nous avons dormi, quoi, *les heures*. La préposition *pendant* est sous-entendue.

6ᵐᵉ Le participe d'un verbe réfléchi s'accorde toujours avec son sujet, si le verbe est réfléchi figuré, c'est-à-dire, si le sujet ne peut pas faire l'action, parce qu'alors il a une signification passive. Exemple: *Cette maison s'est louée*, c'est-à-dire, *a été louée*; le participe s'accorde avec *maison*; si c'est le participe d'un verbe réfléchi *propre*, le verbe *être* est mis pour le verbe *avoir*, et le participe s'accorde avec le pronom *se* qui précède, si ce pronom est régime direct; s'il n'est que régime indirect, le participe sera invariable, à moins qu'il ne soit lui-même précédé d'un autre régime direct. Exemple: *Ces demoiselles se sont rencontrées à la promenade*; en substituant ici le verbe *avoir* au verbe *être*, on dira: *ces demoiselles ont rencontré, qui, soi elles*; représentées par *se* qui, précède donc, il faut accord.

Si je dis: *Lucrèce s'est donné la mort*, on ne pourrait pas dire: *a donné soi*, mais bien, *a donné la mort à soi*; le pronom *se* est un régime indirect, par conséquent point d'accord.

Mais on écrira avec accord: *La mort que Lucrèce s'est donnée*, quoique le pronom *se* ne soit que régime indirect, parce que le pronom *que* est régime direct ; en effet, on dira, *Lucrèce a donné*, quoi, *la mort*, représentée par *que*, régime direct, *à qui*, *à soi*, *à elle*, représentée par *s*, régime indirect.

7me Les participes passés des verbes *réfléchis pronominaux*, c'est-à-dire, qui ne peuvent se conjuger qu'avec deux pronoms de la même personne s'accordent toujours avec leur sujet. Exemple : *Les ennemis se sont emparés de la ville*, le participe *emparé* s'accorde avec *ennemis*, parce que c'est comme s'il y avait : *ont été mis en possession*.

Le verbe *arroger* fait exception à la règle, on dira : *ils se sont arrogé des droits*.

Plusieurs verbes actifs, et même plusieurs verbes neutres employés comme réfléchis figurés, doivent être considérés comme pronominaux, et leur participe doit suivre la même règle que ces derniers, de ce nombre sont les verbes suivans : *s'attacher*, *s'apercevoir*, *s'attaquer*, *s'attendre*, *s'aviser*, *s'en aller*, *se disputer*, *se douter*, *se louer*, *se plaindre*, *se taire*, *se servir*.

8me Quand le participe passé forme avec l'auxiliaire un verbe impersonnel, il est toujours invariable. Exemple : *Les chaleurs qu'il a fait sont cause des maladies qu'il y a eu ; fait* et *eu* sont invariables.

9me Lorsque le participe passé se trouve placé entre deux *que*, ce n'est point du participe que le premier *que* se trouve le régime, mais du verbe qui suit ; et par conséquent, le participe est invariable. Exemple : *Les sciences que vous avez cru que j'apprenais sont utiles* ; ici le premier *que* est régime du verbe *j'apprenais*, et non du participe *cru*, car on ne peut pas dire *vous avez cru les sciences* ; par conséquent, le participe est invariable.

ORTHOGRAPHE RADICALE.

10me *S* entre deux voyelle, se prononce comme *z*. Exemple : *Maison, prison, raison, rose, fraise, amuser,* etc. ; cependant elle a le son dur dans les mots *préséance, présupposer, désuétude, monosyl-labes, parasol, vraisemblable* qui ne prennent qu'une *s*.

11me *Eur* termine tous les mots, excepté, 1° les adjectifs féminins ; 2° les verbes comme *je pleure* ; 3° quatre substantifs en *euré, demeure, heure, beure, leurre,* et trois par *œur, chœur, cœur, sœur.*

12me *Oir* termine, 1° tous les mots, comme devoir, excepté *boire, croire* ; 2° tous les subs-tantifs masculins qui sont formés d'un participe présent par le changement de *ant* en *oir, abreuvoir, abreuvant, rasoir, rasant, trottoir, trottant,* etc, excepté *compulsoire, consistoire,* quoiqu'ils soient formés, de *compulsant,* de *consistant.*

Oire termine tous les substantifs féminins ainsi que les adjectifs, comme *la mémoire, la gloire, une poire, préparatoire, déclamatoire, obligatoire.*

13me Mille et soixante-six mots finissent par *sion* ou *tion,* tous ceux ou cette diphtongue est précédée de *e,* de *l,* de mi, de *en,* ou de *r,* s'é-crivent par *sion,* comme *session, impulsion, mission, extension, aversion,* excepté *convention, assertion, discrétion* ; quand elle est précédée d'une des lettres du mot *coupa,* elle s'écrit par *tion,* excepté, *passion* et *compassion.*

14me *Xion* termine cinq mots, *connexion, in-flexion, fluxion, complexion* et *réflexion,* les autres mots où cette prononciation se fait sentir, finissent par *ction,* comme *action.*

15me *Ausse* termine tous les mots, excepté deux substantifs, *beauce, sauce,* et deux verbe, *il exauce, il sauce.*

16 *Orce* termine tous les substantifs, comme *force*, excepté ceux qui finissent en *torse*.

17me *Once* termine tous les mots, excepté *Alphonse* et *réponse* ; un seul mot se termine par *alse*, c'est *valse*.

THÈME CACOGRAPHIQUE.

On voit la tendre rosée dégoûtante 1 des feuilles, comme on voit ces feuilles dégoûtant 2 de rosée. La vertu est aimé 3. Cette demoiselle a bien chantée 4 ; elle a toujours aimée 4 la musique. Voilà des enfans aimé 5 et chéri 5 de tout le monde. Mes parens sont arivés 3, exceptée 5 ma cousine Adèle ; mes tentes sont attendu 3 ; ma cousine Julie excepté 5. Vous recevrez ci-joint 5 mes mémoires et ci-incluse 5 copie de votre lettre. Nous avons rendus 6 les livres que vous nous aviez prêté 6. Les jours que nous avons vécus 6 si heureusement, se sont écoulé 7 rapidement. Les Génois se sont donné 7 à la France, et se sont procurés 7. leur indépendance. Mes cousines se sont arrogés 8 le droit d'entrer dans le parc. La disette qu'il y a eue 9 cette année, est cause des malheurs qu'il est arrivés 9. La grammaire que vous n'aviez pas voulu 10 que j'apprises, est plus nécessaire que la géographie que j'ai crue 10 que vous saviez. Le bonheure 11 n'est pas toujours pour ceux qui le méritent. Ce qui est vrai n'est pas toujours vraissemblable 10. L'espoire 12 n'est pas tout-à-fait une victoir 10. Une bonne axion 14 est le résultat d'une sage réflecsion 14. Le ciel exhausse 15 les vœux sincères, mais il rejettent ceux qui sont fait par forse 16. Une réponce 17 honnête fait toujours plaisir.

8ᵐᵉ **LEÇON.**

SUITE DE L'ORTHOGRAPHE DES PARTICIPES.

1ʳᵉ *Règle.* Si le participe passé actif suivi d'un verbe neutre à l'infinitif, est précédé d'un régime, il s'accorde avec le régime, qni ne peut appartenir qu'au participe. Exemple : *Les enfans que j'ai* vus *tomber* ; si le participe est neutre et l'infinitif actif, le participe est invariable ; parce que dans ce cas le régime ne peut appartenir qu'à l'infinitif ; mais si l'infinitif et le participe sont actifs, on doit regarder si le régime appartient au participe ou à l'infinitif ; pour cela, il faut voir si le sens de la phrase permet de changer l'infinitif en participe présent ou en imparfait , précédé de *qui* ; dans ce cas, le régime appartient au participe , il faut accord. Exemple : *La femme que j'ai* entendue *chanter* ; si je peux dire : *la femme que j'ai entendue chantant*, ou *j'ai entendu la femme* qui chantait ; le régime appartient au participe , ce dernier doit s'accorder ; mais si je dis : *la chanson que j'ai* entendu *chanter*, je ne puis pas dire, *j'ai entendu la chanson* qui chantait ; point d'accord.

2ᵐᵉ *Règle* Lorsque le participe dont nous venons de parler est précédé de deux régimes , il faut la plus grande attention pour déterminer l'accord , parce que ce n'est plus le pronom *que* qui est le régime, mais celui qui suit le pronom conjonctif. On écrira avec accord : *Messieurs, les sommes* que *je* vous *ai* vus *compter à vos débiteurs* ; parce que c'est le pronom *vous* qui est le régime direct ; car on peut dire : *j'ai vu vous , Messieurs , comptant , qui comptiez* ; et sans accord : *Messieurs, les sommes* que *je vous ai* vu *compter par vos débiteurs*, parce qu'on ne peut pas dire : *j'ai vu vous* comptant, puisque au contraire, c'étaient les débiteurs qui comptaient *à vous*.

3me *Règle*. Lorsque l'infinitif qui suit est sous-entendu, le participe est invariable, parce que c'est toujours l'infinitif qui est le régime du participe ; ainsi on écrira : *j'ai payé les sommes que j'ai dues* ; si l'on veut parler des sommes que l'on devait : *j'ai payé les sommes que j'ai du* ; si l'on veut exprimer que c'est un devoir qu'on a rempli plutôt qu'une dette que l'on a payée. Les verbes *pouvoir*, *vouloir* et *devoir* sont les seuls où l'infinitif est sous-entendu.

4me *Règle*. Lorsque l'infinitif qui suit le participe est précédé d'une préposition, on ne peut point changer l'infinitif en participe présent, mais il est aisé de remarquer si l'on peut placer immédiatement après le participe le régime qui précède ; dans ce cas, le *participe* s'accorde avec son régime ; dans le cas contraire, il est invariable. Exemple : *Les soldats* que *j'ai* contraints *de marcher* ; ici le participe *contraints*, doit s'accorder, parce qu'on peut dire : *j'ai contraint les soldats de marcher* ; mais dans cette phrase : *les soldats que j'ai désiré de voir* ; je ne peux pas dire : *j'ai désiré les soldats de voir*, point d'accord.

Le participe *fait*, est le seul qui fasse exception aux règles précédentes, parce qu'il est identique avec l'infinitif qui suit, et il est toujours invariable ; On dit : *Les hommes* que *vous avez* fait *tomber*, et *les hommes* que *vous avez* fait *battre*.

5me *Règle*. Lorsque le régime qui précède le participe est représenté par le mot *le*, ce participe ne varie point, si le pronom *le* se rapporte à un adjectif ; mais il varie, s'il se rapporte à un substantif. Exemple : *La langue Anglaise n'est pas aussi difficile que je l'avais cru* ; le sens de

celte phrase est : *j'avais cru difficile la langue* ;
alors le participe est invariable , mais dans cet
exemple : *ma sœur est toujours la même* que *je l'ai*
connue ; le mot *la* , se rapporte à sœur , car on
peut dire , *j'ai connu ma sœur* ; Le participe s'accorde avec *sœur* , dont le pronom *la* , tient la
place.

6ᵐᵉ *Règle*. Lorsque le participe passé est précédé d'un régime représenté par *en* , il est invariable , parce que ce pronom tient toujours lieu
d'un régime indirect, et le régime direct est sous-
entendu. Exemple : *Vous m'avez demandé vos
livres , je vous en ai* envoyé ; le régime direct, ici,
est *une partie* sous-entendu ; car si on les avait
tous envoyés, on aurait dit : *je vous les ai envoyés* ;
mais si ce pronom est lui-même précédé d'un
autre pronom qui est le régime direct du participe , ce participe devra s'accorder avec son régime. Exemple : *Voilà la vengeance* que j'en *ai*
tirée. Dans cet exemple le pronom *en* est précédé
de *que* , qui représente *vengeance* , régime direct,
avec lequel doit s'accorder le participe.

7ᵐᵉ *Règle*. Lorsque le régime qui précède le
participe est placé après un substantif collectif
partitif , ce régime a toujours rapport au substantif qui suit le collectif , et le participe s'accorde
avec le substantif dont le régime tient la place.
Exemple : *La plupart des enfans* que *nous avons*
châtiés *le méritaient* ; nous avons châtiés qui ? *Les
enfans. La plupart du peuple* que *nous avons appelé a été saisi d'admiration* ; nous avons appelé ,
qui ? *Le peuple*. La règle du collectif général n'a
pas de fixité ; le sens de la phrase indique l'orthographe ; on dira en faisant accorder le participe
avec le collectif : *La forêt des Ardennes que nous
avons* traversée ; et en faisant accorder avec le
substantif qui suit : *L'armée des ennemis que nous
avons* rencontrés.

Combien de, *que de*, *tant de*, sont des termes collectifs partitifs toujours suivis d'un substantif, avec lequel s'accorde le participe.

8me *Règle*. Le participe, précédé du mot *peu*, terme collectif, mérite une attention particulière; ce mot est toujours suivi d'un substantif, si ce dernier est le mot principal de la phrase, il est l'antécédent du régime, et le participe s'accorde avec lui; si au contraire, il n'offre qu'une idée accessoire, le participe s'accordera avec *peu*, qui est l'idée principale; le sens de la phrase fait connaître l'un ou l'autre de ces deux cas, la supression du mot *peu*, qui a presque toujours lieu quand ce mot n'est pas l'idée principale, indique encore que le participe ne peut s'accorder avec un mot inutile dans la phrase. Exemple : *Le peu d'affection* que *vous lui avez* témoignée *l'a encouragé*; l'affection est donc le mot principal auquel l'esprit s'attache, et avec lequel le participe doit s'accorder. Mais si je dis : *Le peu d'affection* que *vous lui avez* témoigné *l'a découragé*; ce serait un raisonnement vicieux; ce ne peu être que le *peu* qui a produit ce découragement; dès-lors, le participe est invariable, parce que *peu* est toujours masculin singulier.

9me *Règle*. Lorsque le régime d'un participe a pour antécédent deux substantifs unis par une préposition qui marque la nature, c'est au premier que se rapporte le pronom relatif, et c'est avec lui que le participe doit s'accorder. Exemple : *Les trois heures du jour* que *nous avons passées auprès de vous se sont écoulées rapidement ;* mais l'on dira, *les œuvres de Voltaire que vous avez* connu, *sont un chef-d'œuvre ; connu*, s'accorde avec *Voltaire*, parce que *de*, ne marque point un rapport identique.

10me *Règle*, Lorsque le participe passé a pour régime un pronom, placé après une phrase ad-

verbiale, ce participe est invariable. Exemple :
*De la manière que j'ai expliqué, de la façon que
j'ai parlé, on a dû m'entendre* ; parce que le *que*
qui précéde ne peut être un régime indirect.

ORTHOGRAPHE RADICALE.

11ᵐᵉ *Règle. Ice* termine les adjectifs féminins
dont le masculin est en *eur*, et tous les substantifs,
excepté *coulisse, éclisse, écrevisse, esquisse, gé-
nisse, pelisse, melisse, Narcisse, réglisse, saucisse,
suisse*.

12ᵐᵉ *Règle. Osse* termine tous les substantifs,
excepté sept en *oce, atroce, négoce, noce, sacer-
doce, féroce, précoce, véloce*.

13ᵐᵉ *Règle. Ite* termine tous les mots affectés
de cette prononciation, excepté *quitte*, qui prend
deux *tt*, et *acolyte, Hippolyte, néophyte, prosé-
lyte, scythe* et *chrysolite*.

14ᵐᵉ *Règle. Uce* termine tous les substantifs,
excepté *aumusse*, mais *usse* termine tous les
verbes, excepté *suce* (je) et *épuce*.

15ᵐᵉ *Règle. Arse* termine tous les mots, excepté
farce.

16ᵐᵉ *Règle. Erse* termine tous les mots, excepté,
1. quatre substantifs, *commerce, perce* (en),
properce, tierce ; 2. cinq verbes, *berce, exerce,
gerce, perce*, et un adjectif, *tierce*.

17ᵐᵉ *Règle. Ousse* termine tous les mots, excepté un substantif, *pouce*, un adjectif, *douce*, et
un verbe, *courouce*.

THÈME CACGORAPHIQUE.

L'actrice que j'ai vu 1 jouer m'a fait plus de
plaisir que la tragédie que j'ai vue 1 donner. Les
poires que je vous ai vu 2 manger, Messieurs,
n'étaient pas aussi délicates que celle que je vous

ai vues 2 donner par une marchande. J'ai fait à mon frère tous les honneurs que j'ai dus 3 ; il m'a rendu tous les services qu'il a pu 3. Nous avons vu les soldats qu'on a contraint 4 de marcher contre les ennemis qu'on a forcé 4 d'évacuer. Les soldats se sont mieux défendus que je ne l'avais pensés 5. Ils sont toujours les mêmes que je les ai connus. Mon frère me demande plus de livres qu'il ne m'en a prêtés 6 ; je l'ai souvent obligé, mais la récompense que j'en ai reçu 6 n'est pas grande. La plupart des orateurs que nous avons écouté 7, s'expliquent parfaitement. La plus grande partie du peuple qui s'était présentée 7 a été satisfaite du peu de justice qu'on lui a rendu 8 ; mais le peu d'attention qu'on a accordée 8 à ses représentans, ne lui a pas fait plaisir. Les trois mois d'hiver que nous avons enduré 9 étaient très froids. De la manière que je me suis comporté 10 on a dû me remarquer. Guillaume Tell est le libérateur de la suice 11. On va quelquefois par forsse 11 à la nosse 12. Les hypocrites 13 ne font pas beaucoup de prosélittes 13. Il aurait fallu que je m'aperçuce 14 plutôt que cet homme était plein d'astusse 14. notre commerse 16 n'était point une farse 15. Ma philantropie a reçu la une fameuse secouce 17.

9ᵐᵉ LEÇON.

ORTHOGRAPHE GRAMMATICALE DES PRÉPOSITIONS, DES ADVERBES, DES CONJONCTIONS ET DES INTERJECTIONS.

1ʳᵉ *Règle*. On met un accent grave sur la préposition *à*, que l'on distingue de *a*, verbe avoir, en mettant le pronom *il* devant cette lettre ; si elle admet le pronom, c'est un verbe et s'écrit sans accent ; dans le cas contraire , c'est une préposition qui reçoit l'accent. Exemple : *Mon frère à vu ma sœur à Paris* , *à* suivi de *vu* ne prend point d'accent, parce qu'on peut dire : *il a vu* ; *a* suivi de *Paris* , en prend un , parce qu'on ne peut pas dire : *il a Paris* (il possède Paris.)

2me *Règle. Dès* , préposition , que l'on connaît quand on peut le changer en *depuis* , prend un accent grave sur l'*è* ; tandis que *des* , article , n'en prend point. Exemple : *Le fleuve des Amazonnes est presque navigable dès sa source* ; le dernier *dès* est une préposition , il prend un accent, parce qu'on peut dire : depuis *sa source.*

3me *Règle. Sur* , préposition , qui a toujours un régime , ne prend point d'accent sur l'*u* ; tandis que ce même mot en prend un quand il est adjectif , comme on l'a déjà vu. Exemple : *Il est sûr que mon papier est sur la table.* Le dernier *sur* , est une préposition qui a *table* pour régime , et il s'écrit sans accent.

4me *Règle. Là* , adverbe de lieu, que l'on connait quand on peut le changer par , *en cet endroit* , prend un accent grave sur *à* ; il n'en prend point quand il est article ou pronom. Exemple : *Attendez-moi là* ; *là* est adverbe , il prend un accent. *la vertu est nécessaire* , *je la chéris ;* ici les deux mots *la* n'admettent point d'accent, parce que le premier est article , et que le second est pronom.

5me *Règle. Même* est invariable quand il est adverbe , et il est adverbe , 1° quand il est placé après plusieurs substantifs. Exemple : *Les animaux, les plantes* même *sont sensibles* ; 2° quand il se trouve avant un pronom ou un substantif pluriel ou singulier. Exemple : *Tout le monde s'y opposait, même ceux qui n'y étaient pas intéressés , même les femmes étrangères.* ; 3° quand il modifie un verbe : *Nous n'avons pas même un centime.*

6me *Règle. Quelque* est adverbe , et par conséquent invariable, 1° quand il est suivi d'un autre adverbe , comme dans cette phrase : quelque *adroitement que ces choses soient faites* ; 2° quand il est suivi d'un adjectif et qu'il peut se changer en *quoique*. Exemple : quelque *jolis que soient vos enfans , ils ont des défauts* ; 3° l'orsqu'il est suivi d'un adjectif et d'un substantif après lesquels se trouve placé le verbe *être* au subjonctif. Exemple : quelque *bons écrivains que soient ces auteurs , ils font encore des fautes* ; mais ce serait une faute que d'écrire : quelque *avantages que la nature donne,* parce que *quelque* ne peut pas se changer en *quoique* ; enfin , quand *quelque* est suivi d'un article de nombre , il est encore adverbe. Exemple : *Nous avons perdu* quelque *cinq cents hommes.*

7me *Règle. Tout* est adverbe , quand il peut se remplacer par *entièrement* ou par *quoique,* et par conséquent invariable. Exemples : *Ces vins veulent être bus* tout *purs* ; ces demoiselles tout *aimables qu'elles sont , ont cependant des défauts* ; si *tout,* est suivi d'un adjectif féminin , singulier ou pluriel qui commence par une consonne , on y ajoute un *e* euphonique pour rendre la prononciation plus agréable, mais il ne cesse pas d'être adverbe , et rejette le pluriel. Exemple : *Cette femme a les mains* toute *froides* ; *tout froides,* serait ridicule , c'est une concession que la règle fait à la prononciation.

8me *Règle. Ou ,* conjonction , s'écrit sans accent sur l'*u,* on le distingue de *où ,* adverbe de lieu , qui en prend un , en ce que *ou ,* conjonction , peut toujours être suivi de *bien ,* et que *où ,* adverbe , ne le permet pas. Exemples : *C'est vous ou moi* ; *la ville où vous demeurez* ; dans la première phrase on peut dire : *C'est vous* ou bien *moi* ; *ou ,* est une conjonction ; mais dans la seconde , on ne peut pas dire : *La ville* ou bien *vous demeurez,* c'est un adverbe.

9ᵐᵉ *Règle*. On met un accent aigu sur l'*e* de l'interjection hé ! où la lettre *h* la précède. Exemple : *Hé bien ! contentez-vous* ; on n'en met point sur l'*e* de l'interjection eh ! où il est suivi de la même lettre. Exemple : *Eh quoi vous ne pleurez point*.

10ᵐᵉ *Règle*. On met un accent circonflexe sur *ô* interjection, qui exprime les passions, les mouvemens de l'ame : *ô siècles futurs* ! et ce n'est qu'après les mots qui font partie de l'exclamation que l'on doit mettre le point exclamatif. On ne met point d'accent sur l'*o*, interjection qui marque la surprise ou l'admiration, et qui est suivi ou précédé de *h*. Exemple : oh ou ho ! *que cela est joli*.

ORTHOGRAPHE RADICALE.

11ᵐᵉ *Règle*. *Ate* avec un *t* simple termine tous les mots, excepté *batte, chatte, jatte, latte, datte, flatte, gratte, natte, regratte*.

12ᵐᵉ *Règle Ette* avec deux *t* termine tous les mots, excepté *anachorète, athlète, conquête, iète, épithète, escopète, planète, prophète, proxénète*, quelques verbes et quelques adjectifs dont nous avons parlé.

13ᵐᵒ *Règle*. *Ote*, 1° termine tous les substantifs masculin, comme pilote ; 2° tous les verbes, excepté *je baisotte, je balotte, je marmotte, buvotte, garotte, trotte, décrotte, flotte, gringotte, emmaillotte, saignotte, démaillotte* et *emmenotte*.

14ᵐᵉ *Règle*. *Ute* avec un *t* termine, 1° tous les substantifs, excepté *hutte* et *lutte* ; 2° tous les verbes excepté, *lutte*.

15ᵐᵉ *Règle*. *Ourse* termine tous les mots, excepté *source* et *ressource*.

16ᵐᵉ *Règle*. *Oute* avec un *t*, termine tous les mots, comme *route*, excepté *goutte*.

17ᵐᵉ *Règle*. *V* simple, termine tous les mots ,

excepté *wallon* (langage) , *Waterganck* , *wilé-fisme* , *Wiclef* , *wigh* , *wishis* , *wllans* , *Wolfran.*

18me *Règle. X* , l'articulation *gz* de cette consonne n'offre aucune difficulté , mais lorsqu'elle a le son *cs* elle est toujours précédée d'un *e* ou d'un *u* , comme *fluxion* , *réflexion* , *excellent.*

THÈME CACOGRAPHIQUE.

Sa majesté à 1 été a 1 Strasbourg , elle a 1 fait espérer qu'elle viendrait a 1 Lyon. Des 2 sa plus tendre enfance on concevait dès 5 espérances. Sa conduite était basée sûr 3 les principes les plus sûrs 3 et les plus vertueux. Tout est sensible dans la nature ; les montagnes , les rochers mêmes 4. Votre discours n'est guère honnête , il y a mêmes 4 plusieurs motsdéplacés , mêmes 4 ceux qui ne le paraissent pas. Là 5 vertu la 5 plus nécessaire , je la 5 connais , c'est l'humanité ; je la 5 vois la 5 où l'intérêt n'est pas. Quelques 6 grandes quaient été vos lumières , vous n'auriez pas dû laisser apercevoir quelques 6 tons d'orgueil. Quelques 6 grandes applications que vous apportiez , on trouvera quelques 0 dixaines de fautes. Nous avons bu des eaux toutes 7 glacées. Ces personnes toutes 7 aimables quelles sont , ont des caractères tous 7 singulier. Mon frère où 8 ma sœur viennent d'arriver ; ils vous suivront où 8 vous voudrez. Oh 5 qu'il est avantageux de s'instruire ; et 9 qui n'a pas pleuré dans le monde ou nous sommes. Oh 10 que mes malheurs son grands. L'homme modeste jamais ne se flate 11. Le meilleur médecin c'est la diette 12. J'ai vu mettre les menotes 13 à un homme accusé injustement d'avoir fait tapage chez une bigote 13. Entre le pauvre et le riche , la lute 14 est toujours inégale. Les malheureux n'ont pas d'autres ressoursse 15 que celle de se plaindre. La routte 16 de la vertu n'est pas toujours celle du bouheur. L'étude rend savant ; la réflextion 18 rend sage. On apelle wighs, parti libéral d'Angletterre.

◦•

10ᵐᵉ LEÇON.

DES SIGNES ORTHOGRAPHIQUES.

On sait que les lettres dont on se sert pour écrire sont de deux natures, il y a les voyelles et les consonnes ; les voyelles sont *a e i o u* ; lorsqu'elles sont modifiées on les appelle dyphthongues, comme *oi*, *ouan*, *ouin* ; les consonnes sont les autres lettres de l'alphabet.

1ʳᵉ *Règle*. Les voyelles sont longues ou brèves ; les voyelles longues sont celles sur lesquelles, on appuie long-temps en les prononcant, comme dans *tête*, *épître*, *tempête*, *côte*, *flûte* ; elles sont ordinairement surmontées d'un accent circonflexe (*ê*). Les brèves sont celles sur lesquelles on passe rapidement, comme dans *flatter*, *trompette*, *cote*, *personnelle*, *culbute*.

2ᵐᵉ *Règle*. Il y a trois accents qui servent à modifier l'*e*, l'accent aigu (*é*), l'accent grave (*è*) et l'accent circonflexe (*ê*) ; l'accent aigu se met sur l'*e* fermé, comme dans *bonté* ; l'accent grave sur l'*e* ouvert, comme dans *procès* ; Il y a par conséquent quatre sorte d'*e*, l'*e* muet dont le son est peu sensible, comme dans *ne*, *te*, *se* ; l'*e* fermé dans la prononciation fait presque fermer la bouche, comme dans *bonté*, *vérité* ; l'*e* ouvert qui fait ouvrir la bouche, comme dans *succès*, et l'*e* moyen, comme dans *belle*, qui tient sa prononciation de la consonne qui suit. L'*y* s'emploie quelque fois pour deux *ii*, comme dans *pays*, *moyen*, *essayer*; mais dans *asyle*, *étymologie*, elle n'a la fonction que d'un *i*.

Une ou plusieurs lettres forment ce qu'on appelle une *syllabe*, ces syllabes forment des mots; lorsqu'ils sont composés de plusieurs syllabes, comme *abandon* qui en a trois (*a-ban-don*), on les appelle *polysyllabes*; lorsqu'ils n'en ont qu'une, on les appelle *monosyllabes*, comme *quand*, *tronc*, *ton*.

3ᵐᵉ *Règle*. L'apostrophe est le retranchement d'une voyelle à la fin d'un mot pour la facilité de la prononciation ; le signe de ce retranchement est une petite virgule que l'on met au haut de la consonne à la place de la voyelle supprimée, comme dans *l'ami*, *l'histoire*; l'*e* muet s'élide toujours dans la prononciation devant une voyelle ou une *h* muette ; mais dans l'écriture on ne marque l'élision par l'apostrophe que dans les monosyllabes *je*, *me*, *te*, *se*, *que*, *ne*, *de*, *ce*, *le* et dans *quelque*, *jusque*, *quoique*.

On dit *j'apprends* pour *je apprends*. L'*i* de puisque et de quoique ne s'élide que devant *il*, *elle*, *on*, *un*, *une*, *puisqu'il quoiqu'il*, etc.

Me, on dit *vous m'aimez*, pour *vous me aimez*.

Te, on dit *je t'avertis*, pour *je te avertis*.

Se, on dit *il s'amuse*, pour *il se amuse*.

Que, on dit *qu'avez-vous fait*, pour *que avez-vous fait*.

Ne, on dit *je n'aime pas*, pour *je ne aime pas*.

De, on dit *beaucoup d'apparence*, pour *beaucoup de apparence*.

Ce, on dit *c'est la vérité*, pour *ce est la vérité*.

Le la, on dit *l'ami*, pour *le ami*, *l'ame*, *l'histoire*, pour *la ame* et *la histoire*.

Quelque perd *e* devant *un autre*, *quelqu'un quelqu'autre*; partout ailleurs il doit être sans élision.

Jusque perd *e* devant *a*, *au*, *ici*. Exemples : *Jusqu'à Paris*, *jusqu'au ciel*, *jusqu'ici*; mais on écrit *jusques* avec un *s* quand il se trouve devant ces mots *à quand*. Exemple : *Jusques à quand serons nous tortués ?*

L'*i* de *si* ne se perd que devant *il*. Exemple : *S'il vient, s'ils viennent.*

4me *Règle.* On appelle tréma, deux points placés sur les voyelles *ë*, *ï*, *ü*, quand ces lettres doivent être prononcées séparément de la voyelle qui précède, comme dans *haïr*, *païen*, *aïeul*, *Saül*, *ambigüe*, pour empêcher de prononcer ces mots comme des diphtongues.

On ne doit pas confondre l'*i* tréma avec l'*y* ; ainsi c'est mal à propos que quelques |personnes écrivent *citoïen*, *mitoïen*, il faut écrire *citoyen*, *mitoyen*, etc.

5me *Règle.* On appelle cédille, une petite figure qu'on met sous le *ç* devant *a*, *o*, *u*, pour avertir qu'il doit avoir le son de *s*, comme dans *façon*, *leçon*, *façade*, *reçu*.

6me *Règle.* On appelle parenthèse, deux demi boucles ( ) dans lesquelles on renferme quelques mots détachés. Exemple : *Celui qui refuse d'apprendre* (dit le sage), *tombera dans le mal.*

THÈME CACOGRAPHIQUE.

La vie est une mer orageuse. La tempette 1 qui nous balôte, 1 nous pousse vers la cotte, 1 où nous faisons nauffrage. Les progrès 2 résultent de l'application. Le moiien 2 le plus sûr d'obtenir quelques succes 2 dans une entreprise, c'est d'y

NOTA. Nous avons placé cette leçon à la fin de notre grammaire pour la faire concorder avec la ponctuation qui est la dernière de la partie orthologique ; mais nous ne supposons pas que les élèves connaissent la fonction de ces signes qui sont dépendans des principes de lectures ; seulement, nous leur donnons plus de développement.

mêtre 1 de la persévérence 2. La 3 adversité est
le creuset ou la vertu se 3 épure et ou la 3 amitié
se eprouve 3. Puisqu'aider 3 les malheureux est
un devoir, nous devons le faire quoique 3 il nous
en coute. Socrate se immola pour son dieu, quoique 3 il fut paiien, il but la cigue 4. Les Français 5
ne craignaient pas les glacons 5 en traversant le
Monçeni.

Je croyais, moi, jugez de ma simplicité, 6
Que l'on devait rougir de la duplicité ;
Que trahir son ami, c'était faire un grand crime ;
Et que rien n'assurait plus de gloire et d'estime,
Que de s'immoler, même aux droit de l'amitié.

TABLEAU

DES HOMONYMES.

I. LEÇON.

Acre, adj. Piquant. — *Acre*. Mesure de terre.

Amande, subs. Fruit de l'amandier. — *Amende*, subs. Peine pécuniaire.

Alène, subs. Outil de cordonnier. — *Haleine*, subs. Respiration.

Après, préposition. *J'irai après vous.* — *Apprêts*, subs. Dérivé du verbe apprêter.

Ais, subs. Planche de bois, *ais de bateau.* — *Haie*. Clôture faite d'épines ou de ronces. — *Est*, du verbe *être*.

Avant, préposition. — *Avent*. Les quatre semaines avant Noël.

Bâiller, verbe. Respirer. — *Bailler*, verbe. Donner.

II. LEÇON.

Bas, subs. Une paire de bas. — *Bas*, adv. Parler bas. — *Bats*, *bat*, du verbe *battre*, — *Bât*, subs. Selle pour des bêtes de somme.

Beauté, subs. Régularité et perfection des traits. — *Botté*, adj. Qui porte des bottes.

Boîte, subs. Ustensile à couvercle. — *Boîte* (il), du verbe *boiter*.

Bond, subt. Saut. — *Bon*, adj.

Ceint, adj. Ceint d'une ceinture. — *Cinq*, Art. de nombre.

Saint, adj. Celui, celle qui a de la sainteté. — *Sain*. Qui n'est pas corrompu ; qui a de la santé. — *Sein*, subs. Partie du corps. — *Seing*, subs. Le nom de quelqu'un écrit de sa main.

Cent, Art. de nombre : *cent hommes.* — *C'en*, qui renferme deux pronoms, *ce* et *en* : *C'en est fait* ; *s'en*, qui renferme aussi deux pronoms : *Il s'en inquiète peu.*

Sans, préposition. *Sens*, subs. Le bon *sens*, *sens* du verbe *sentir*. — *Sang*, subs. *Le sang coule dans les vaines.*

III. LEÇON·

Chair, subst. substance molle. — *Cher,* adj. qui n'est pas bon marché.

Clair, adj. qui n'est pas trouble. — *Clerc,* subs. Celui qui travaille chez un notaire, un avoué.

Compte, subs. Régler un compte. — *Comte,* subs. nom de dignité : Un *Comte d'empire.* — *Conte,* subs. faire un *conte,* raconter.

Corps, subs. Substance quelconque. — *Cor.* Durillon aux pieds ; instrument.

Côte, subs. Os plat et courbé qui s'étend de l'épine du dos à la poitrine ; bords de la mer. — *Cote.* Marque numérale

Cours, subs. Le cours du soleil ; un cours d'étude. — *Cour,* subs. *La cour* de la maison ; *la cour* du prince.

Court, adj. Ce qui a peu de longueur ou de durée.

IV· LEÇON.

Crains, craint, du verbe craindre. — *Crin,* subs. Poil long et rude.

Cuire, verbe. — *Cuir,* subs. Peau d'un animal.

Cigne, subs. Oiseau. — *Signe,* subs. Marque.

Chaîne, subs. Une chaîne pour enchaîner. — *Chêne,* subs. Arbre.

Cène, subs. La sainte *cène.* — *Seine,* subs. Rivière de France. — *Senne,* subs. Rivière des pays-bas. — *Saine,* adj. Qui a de la santé. *Scène,* subs. Une scène de théâtre, de comédie, etc.

Camp, subs. L'endroit ou se rassemble une armée ; — *Caen.* Ville de France. — *Kan,* subs. Le chef des Tartares. — *Quand,* adv. de temps, qui signifie dans quel temps ? il est aussi conjonction et alors il signifie lorsque *quant,* adv. qui doit être toujours, suivi de la préposition à, *quant à moi* — *qu'en,* il est composé de deux pronoms, *que* et *en* ; *qu'en pensez-vous.*

V. LEÇON.

Celle, pronom. *Celle-ci, celle-là.* — *Cèle,* du verbe *céler,* taire, cacher son dessein. — *Celle,* subs. — *Celle* du cheval. — *Scelle,* du verbe *sceller* ; appliquer un sceau.

Cession, subs, Faire *cession*, c'est céder. — *Session*, subs. Séance d'un concile, d'un parlement, d'une chambre.

Champ, subs. Un champ de blé. — *Chant*, subs. Action de *chanter*.

Cire, subs. Les bougies sont de cire. — *Sire*, subs. Titres que l'on donne aux Empereurs et aux Rois.

Ces, art. démonstratif, — *C'est*, pronom démonstratif. — *Ce* et verbe *être*. *S'est*, pronom réfléchis. — *Se*, et verbe *être*. — *Ses*, article pronominal possesif; *ses amis*.

Chaud, subs. et adj. — *Chaux*, subs. De la chaux vive.

VI. LEÇON.

Dans, préposition. — *Dan*, subs. *Dommage*. — *Dent*, subs. Les dents de la bouche. — *D'en*, pour *de* et *en*, préposition et pronom. Avant d'en parler.

Don, subs. Dérivé du verbe *donner*. — *Dont*, pronom relatif. — *Donc*, conjonction, qui sert à conclure.

Dégoûte, verbe. Il ôte le goût, l'appétit. — *Dégoutte*, verbe. Il tombe goutte à goutte.

Dessin, subs. D'où dérive le verbe *dessiner*. — *Dessein*, subs. Projet, résolution.

Dais, subs. Espèce de peële en forme de ciel de lit.

Des; article composé. — *Dès*, préposition; qui marque le temps ou le lieu.

Écot, subs. Payer son écot. — *Écho*, subs. Son renvoyé par un corps.

VII. LEÇON.

Étaim, subs. La partie la plus fine de la laine cardée.

Étain, subs. Métal blanc. *Éteint*, participe du verbe *éteindre*.

Exaucer, subs. Accorder ce qu'on demande. — *Exhausser*, verbe. Rendre une chose plus haute.

Faîte, subs. Somet d'un arbre. — *Faite*, participe féminin du verbe *faire*. — *Fête*, subs. Jour consacré à Dieu.

Faix. subs. Fardeau. — *Fais*, *fait*, du verbe actif *faire*.

Foi, subs. Vertu théologale, croyance. — *Fois*, subs. Une fois, deux fois. — *Foie*. Terme d'Anatomie, viscère de l'animal. — *Foix*, subs. Ville de France.

Fin, *fine*, adj. Qui a de la finesse; et subs., le terme ou finit une chose. — *Faim*, subs. besoin de manger. — *Feint*, participe du verbe *feindre*.

VIII. LEÇON.

Fond, subs. C'est un goufre sans fond. — *Fonds*, subs un fonds de terre, d'argent *font*, du verbe *fondre* ; ils font leur devoir. — *Fonts*, subs. Tenir un enfant sur les fonts — *Fonds*, du verbe fondre.

Forêt. Grande étendue de terrein couvert de bois. — *Forêt*. Petit instrumens à percer.

Frai, subs. Action de frayer; diminution de poids dans les monnaies. — *Frais*, froid, adj. Frais, dépends.

Face, subs. Visage de l'homme. — *Fasse*, subj. du verbe *faire*. — *Fasce*, subs. Terme de blason, une des pièces honorable de l'écu.

Fausse, adj. féminin, dont le masculin est *faux*. — *Fosse*, subs. Creuser une fosse.

Fûmes (nous), du verbe être, *fume* (je), tu *fumes*, du verbe *fumer*.

IX. LEÇON.

Goûte (je), tu *goûtes*, du verbe *Goûter*. — *Goutte*, subs. Petite partie d'un liquide ; fluxion douloureuse.

Grasse, adj. féminin. Qui a de la graisse. — *Grâce*, subs. Ce que l'on donne gratuitement..

Guerre, subs. La guerre est un fléau. — *Guère*, adv. Peu, pas beaucoup.

Grave (je), tu graves, du verbe graver. — *Grave*, adj. Sérieux (1).

Gai, *gaie*, adj. Qui a de la gaité. — *Gué*, subs. *Passer la rivière à gué.* — *Guet*, subs. *Faire le guet, c'est garder, guetter.*

Geai, subs. Oiseau. — *J'ai*, pronom.; *Je* et verbe *avoir*. — *Jais*, subs. Substance d'un noir luisant. — *Jet*, subs. Action *de jeter.*

X. LEÇON.

Hâle, subs. Air chaud et sec qui flétrit le teint, les herbes. — *Halle*, subs. Lieu qui sert de marché.

Héraut, sub. Officier qui fait des publications.

(1) Ces deux homonymes n'ont point de différence dans la construction; mais il en existe une dans la prononciation : dans *grave*, adj. l'*a* est long, et dans *grave*, verbe, l'*a* est bref.

Héros, subs. Selon la Fable, celui qui est né d'un dieu ou d'une déesse ; grand guerrier.

Hôte, subs. Celui qui tient cabaret. — *Hotte*, subs. Panier que l'on porte sur le dos.

Jeune, adj. Peu avancé en âge. — *Jeûne*, subs. abstinence.

Lai, adj. un moine lai ou laïque ; et subs. complainte de l'ame. — *Laid*, adj. Qui a de la laideur. — *Lait*, subs. Le lait de la vache.

L'ait, le, pronom, et *ait*, verbe. — *Lais*, subs. Jeune baliveau.

Laisse (je), du verbe *laisser*. — *Laisse*, subs. Cordon pour mesurer les terriers.

XI. LEÇON.

Lys. Rivière de la Belgique. — *Lis*. plante et fleur. — *Lit*. Meuble pour coucher.

Mais, conj. adversative. — *Mes*, article, pron. poss. : *Mes amis*. — *Mets*, subs. *C'est un mets délicat*. — *M'est*, *me*, pron., et *est*, verbe être : *Il m'est utile de...*

Mètre, subs. Le *maître*, la *maîtresse*. — *M'être*, pron. et verbe *être*.

Mètre, subs. Mesure. — *Mettre*, verbe.

Masser, *Faire une masse au jeu*. — *Masser*, Exercer le massage.

Mon, art. pron. — *Mont*, subs., Montagne ou élévation. — *M'ont*, pron. *Me*, et verbe avoir : *Ils m'ont flatté*.

Mois, subs. Partie de l'année. — *Moi*, pron. person.

XII. LEÇON.

Mûr, adj. — *Mur*, subs. Muraille.

Masse, subs. Somme d'argent. *Masse*, subs. Plante aquatique ; amas de plusieurs corps.

Mâle, subs. Qui est du sexe masculin. — *Malle*, subs. Espèce de coffre.

Nais, verbe. *Je nais*. — *N'es*, *n'est*, *ne*, négation, et *es*, *est*, verbe *être* : *Tu n'es, il n'est*. — *Net*, adj. Propre. *N'ait*, négative *ne*, et verbe *avoir*.

Nourrice, subs. Celle qui donne le lait à un enfant. — *Nourrisse*, verbe : *Que je nourrisse, que tu nourrisses*.

Pain, subs. *Du pain blanc*. — *Pin*, subs. Arbre résineux.

XIII. LEÇON.

Pâte, subs. Farine détrempée et pétrie. — *Pate*, subs. Pied des animaux.

Paume, subs. Jeu; dedans de la main. — *Pomme*, subs. fruit.

Pêcher, verbe. Prendre des poissons. — *Pécher*, verbe, Transgresser la loi divine.

Pêne, subs. Morceau de fer d'une serrure de porte. —*Peine*, subs. Affection, souffrance.

Peut, du verbe *pouvoir* : *Je peux*, *il peut*. — *Peu*, adv. Une petite quantité.

Plaine, subs. Plate campagne.—*Pleine*, fém. de l'adj. *plein*.

XIV. LEÇON.

Près ; prép. Proche. — *Pret*, adj. Préposé. — *Prêt*, subs Action de *prêter*.

Prête, du verbe *prêter*. — *Prête*, adj. fém.

Pois, subs. Légume; il est invariable. — *Poids*, subs. Pesanteur. Au figuré, tout ce qui charge, qui gêne, qui incommode. — *Poix*, subs. Matière gluante.

Penser, verbe neutre, imaginer. — *Panser*, verbe actif Panser un cheval.

Puis, du verbe pouvoir : on dit quelquefois *je puis* ou *je peux*. — *Puis* ; prép. de temps. — *Puits*, subs. *Il y a de l'eau dans le puits.*

Palais, subs. Maison de prince ; partie supérieure de la bouche. — *Palès*, subs. Nom propre d'une déesse, suivant la mythologie.

XV. LEÇON.

Pauser, verbe. Terme de musique. — *Poser*, verbe. placer sur quelque chose.

Pause, subs. Suspension d'une action. — *Pose*, subs. L'action de poser.—*Pose*, du verbe *poser* : *Je pose*, *tu poses*.

Poing, subs. La main fermée. — *Point*, subs. *Un point sur un i.* — *Point*, adv. de négation.

Rends, *rends*, du verbe *rendre*. — *Rang*, subs. Dérivé du verbe *ranger*.

Raisonner, verbe. Faire usage de la raison. — *Résonner*, verbe, retentir, renvoyer le son : *L'airain résonne.*

Reine , subs. et adj. *La reine.* — *Rennes* , nom propre, ville de France. — *Renne* , subs. Animal de la Laponie. — *Rêne* , subs. Les courroies de la bride du cheval ; au figuré , *il tient les rênes du gouvernement.*

XVI. LEÇON.

Rogne (je) , verbe : *Je retranche.* — *Rogne* , subs. maladie.

Rot , subs. Mets., *Rot.* vent qui s'échappe avec bruit de la gorge.

Sale , adj. Malpropre. — *Salle* , subs. pièce d'appartement

Sas. Tissu de crin qui sert à passer de la farine. — *Çà* , adv. *Sa* , art pron. poss. fém.

Saut , subs. Action de sauter. — *Sot* , subs. Stupide , grossier.

Son , art. pron poss. Action de sonner , paille grossière de la farine. — *Sont* , 3me personne plur. du verbe *être* : *Ils sont arrivés.*

XVII. LEÇON.

Serein , adj. Ce qui est clair ; doux et calme : *Le temps est serein.* — *Serin* , subs. Oiseau.

Temps , subs. *Les temps fabuleux.* — *Tant* , adverbe de quantité.

Tante , subs. et adj. La sœur du père ou de la mère. — *Tente* , verbe : *Je tente* ; et subs. *La tente du camp.*

Tête , subs. Partie de l'animal , le siége des organes des sens. — *Téte* (il) , verbe. Il suce le lait de la mamelle.

Tâche , subs, Ouvrage donné à faire dans un temps limité. — *Tache* , subs , souillure.

Thon , subs. Un poisson, *Ton* , art pron. poss. *Ton ami.* — *Ton* , subs. Les tons de la musique. — *Tond* , verbe : *Il tond.* — *T'ont* , pour *te* , *ont* , pron. et verbe.

XVIII. LEÇON.

Tors , adj. *Du fil tors.* — *Tord* , verbe. *Il tord.* — *Tort* , subs. *Ne faite tort à personne.*

Toux , subs. Fatigue de la poitrine. — *Tout* , adj. masc. défini.

Très , adj. Qui marque le superlatif. — *Trait* , subs. *Un trait de plume.*

Trop, adv. de quantité. — *Trot*, subs. Dérivé du verbe *trotte*.

Taire, verbe. S'abstenir de parler. — *Terre*, subs. *La terre est ronde.*

Vain, adj. Qui a de la vanité. — *Vint*, verbe. *Il vint.* — *Vin*, subs. Extrait du fruit de la vigne. — *Vingt*, art. numéral *Vingt francs.* — *Vainc*, du verbe *vaincre; il vainc.*

XIX. LEÇON.

Vaine, adj. Une femme vaine. — *Veine*, subs. *Le sang coule dans les veines.*

Ver, subs. Insecte: *Des vers de terre.*—*Vert, verte*, adj.

Ville, subs. Ville de Paris. — *Vile*, adj. fém. Chose méprisable.

Vœu, subs. Promesse faite à Dieu. — *Veut*, verbe. *Il veut.*

Vanter, verbe. Louer, priser trop. — *Venter*, verbe. Faire du vent.

Veau, subs. Le petit de la vache. — *Vaut*, verbe. *Il vaut.*—*Vos*, art. pron. poss. *Vos bonnes qualités.*—*Vaux. Par monts et par vaux;* manière de parler adverbiale.

XX. LEÇON.

Vice, subs. Défaut, imperfection. — *Vis*, subs. *La vis entre dans l'écrou.*

Van, subs. *Un van pour vanner.* — *Vend*, verbe. *Il vend.* — *Vent*, subs. Le vent.

Vivres, subs. — *Vivre*, verbe.

Voie, subs. Chemin. — *Voix*, subs. Son qui sort de la bouche de l'homme. —*Voit*, verbe. *Il voit.*

Voler, verbe. *Dérober.* — *Voler*, verbe. s'émouvoir en l'air.

TABLEAU DES VERBES.

*Conjugaison des verbes Avoir, Être et Aimer,
actifs et passifs.*

AVOIR.	*AIMER,*	*ÊTRE*
	actif.	*et passif aimer.*

INDICATIF (*premier mode*).

RRÉSENT.

Maintenant

AVOIR	AIMER	ÊTRE
J'ai (soin) ,	J'aime ,	Je suis aimé ,
Tu as ,	Tu aimes ,	Tu es aimé ,
Il a ;	Il aime ;	Il est aimé ;
Nous avons ;	Nous aimons ;	Nous sommes aimés ;
Vous avez ,	Vous aimez ,	Vous êtes aimés
Ils *ou* elles ont.	Ils *ou* elles aiment.	Ils sont aimés.

IMPARFAIT.

Autrefois

AVOIR	AIMER	ÊTRE
J'avais ,	J'aimais ,	J'étais aimé ,
Tu avais ,	Tn aimais ,	Tu étais ,
Il avait ;	Il aimait ;	Il était ;
Nous avions ,	Nous aimions ,	Nous étions aimés ,
Vous aviez ,	Vous aimiez ,	Vous étiez ,
Ils *ou* elles avaient.	Ils *ou* elles aimaient.	Ils *ou* elles étaient.

PARFAIT DÉFINI.

Hier.

AVOIR	AIMER	ÊTRE
J'eus ,	J'aimai ,	Je fus aimé ,
Tu eus ,	Tu aimas ,	Tu fus ,
Il eut ;	Il aima ;	Il fut ;

Nous eûmes,	Nous aimâmes,	Nous fûmes aimés,
Vous eûtes,	Vous aimâtes,	Vous fûtes,
Ils eurent.	Ils aimèrent,	Ils furent.

PARFAIT INDÉFINI.

Ce matin.

J'ai eu,	J'ai aimé,	J'ai été aimé,
Tu as eu,	Tu as aimé,	Tu as été ;
Il a eu ;	Il a aimé ;	Il a été ;
Nous avons eu,	Nous avons aimé,	N. avons été aimés.
Vous avez eu,	Vous avez aimé,	Vous avez été ;
Ils ont eu.	Ils ont aimé.	Ils ont été,

PARFAIT ANTÉRIEUR.

Quand.

J'eus eu,	J'eus aimé,	J'eus été aimé,
Tu eus eu,	Tu eus aimé,	Tu eus été,
Il eût eu ;	Il eût aimé ;	Il eût été ;
Nous eûmes eu,	Nous eûmes aimé,	N. eûmes été aimés,
Vous eûtes eu,	Vous eûtes aimé,	Vous eûtes été,
Ils eurent eu.	Ils eurent aimé.	Ils eurent été.

PLUS-QUE-PARFAIT.

Avant telle époque.

J'avais eu,	J'avais aimé,	J'avais été aimé,
Tu avais eu,	Tu avais aimé,	Tu avais été,
Il avait eu ;	Il avait aimé ;	Il avait été ;
Nous avions eu,	Nous avions aimé,	N. avions été aimés,
Vous aviez eu,	Vous aviez aimé,	Vous aviez été,
Ils avaient eu,	Il avaient aimé.	Ils avaient été.

FUTUR.

Demain.

J'aurai,	J'aimerai,	Je serai aimé,
Tu auras,	Tu aimeras,	Tu seras,
Il aura ;	Il aimera,	Il sera ;
Nous aurons,	Nous aimerons,	Nous serons aimés,

Vous aurez,	Vous aimerez,	Vous serez,
Ils auront.	Ils aimeront.	Ils seront.

FUTUR PASSÉ.

Quand telle chose arrivera.

J'aurai eu ,	J'aurai aimé,	J'aurai été aimé,
Tu auras eu ,	Tu auras aimé,	Tu auras été,
Il aura eu;	Il aura aimé,	Il aura été;
Nous aurons eu,	Nous aurons aimé,	N. aurons été aimés,
Vous aurez eu,	Vous anrez aimé,	Vous aurez été,
Ils auront eu.	Ils auront aimé.	Ils auront été ,

CONDITIONNEL (*deuxième mode*).

PRÉSENT.

Si telle chose existait.

J'aurais,	J'aimerais,	Je serais aimé ,
Tu aurais,	Tu aimerais,	Tu serais;
Il aurait	Il aimerait;	Ils serait;
Nous aurions,	Nous aimerions,	Nous serions aimés,
Vous auriez,	Vous aimeriez,	Vous seriez,
Ils auraient.	Ils aimeraient.	Ils seraient.

CONDITIONNEL PASSÉ.

Si telle chose avait existé hier ou ce matin.

J'aurais eu,	J'aurais aimé ,	J'aurais été aimé,
Tu aurais eu,	Tu aurais aimé,	Tu aurais été,
Il aurait eu,	Il aurait aimé,	Il aurait été,
Nous aurions eu,	Nous aurions aimé,	N. aurions été aimés,
Vous auriez eu,	Vous auriez aimé,	Vous auriez été,
Ils auraient eu.	Ils auraient aimé.	Ils auraient été.

IMPÉRATIF (*troisième mode*)

PRÉSENT ET FUTUR.

Point de première personne.

Aie,	Aime,	Sois aimé.
Qu'il ait;	Qu'il aime;	Qu'ils soit;

Ayons,	Aimons,	Soyons aimés,
Ayez,	Aimez,	Soyez,
Qu'ils aient.	Qu'ils aiment.	Qu'ils soient.

SUBJONCTIF (*quatrième mode*).

PRÉSENT ET FUTUR.

Il faut, il faudra.

Que j'aie,	Que j'aime,	Que je sois aimé,
Que tu aies,	Que tu aimes,	Que tu sois,
Qu'il ait;	Qu'il aime;	Qu'il soit aimé;
Que nous ayons,	Que nous aimions,	Que nous soyons,
Que vous ayez;	Que vous aimiez;	Que vous soyez,
Qu'ils aient.	Qu'ils aiment.	Qu'ils soient aimés.

IMPARFAIT.

Il fallut, il a fallu, il fallait, il faudrait.

Que j'eusse,	Que j'aimasse,	Que je fusse aimé,
Que tu eusses,	Que tu aimsses,	Que tu fusses,
Qu'il eût;	Qu'il aimât;	Qu'il fût;
Que nous eussions,	Que nous aimassions,	Que nous fussions,
Que vous eussiez,	Que vous aimassiez,	Que vous fussiez,
Qu'ils eussent.	Qu'ils aimassent.	Qu'ils fussent.

PARFAIT.

Il a fallu, il aurait fallu.

Que j'ai eu,	Que j'aie aimé,	Que j'ai été aimé,
Que tu aies eu,	Que tu aies aimé,	Que tu aies été,
Qu'il ait eu;	Qu'il ait aimé;	Qu'il ait été;
Que nous ayons eu.	Que nous ayons,	Que nous ayons été,
Que vous ayez eu,	Que vous ayez,	Que vous ayez été,
Qu'ils aient eu.	Qu'ils aient.	Qu'ils aient été.

PLUS-QUE-PARFAIT.

Il avait fallu, il aurait fallu, il eût fallu.

Que j'eusse eu,	Que j'eusse aimé,	Q. j'eusse été aimé,
Que tu eusses eu,	Que tu eusses aimé,	Que tu eusses été,
Qu'il eût eu;	Qu'il eût aimé;	Qu'il eût été,

Que nous eussions,	Que nous eussions,	Que nous eussions.
Que vous eussiez,	Que vous eussiez,	Que vous eussiez,
Qu'ils eussent eu.	Qu'ils eussent.	Qu'ils eussent été.

INFINITIF (*cinquième mode*).

PRÉSENT.

Avoir.	Aimer.	Être aimé.

PARFAIT.

Avoir eu.	Avoir aimé.	Avoir été aimé.

PARTICIPE PRÉSENT.

Ayant.	Aimant.	Étant aimé.

PARTICIPE PASSÉ.

Ayant eu.	Ayant aimé.	Ayant été aimé.

PARTICIPE FUTUR.

Devant avoir.	Devant aimer.	Devant être aimé.

PARTICIPE PASSÉ PASSIF.

Eu.	Aimé.	Été aimé.

Conjugaison du verbe réfléchi *Brûler*.

INDICATIF (*premier mode*).

PRÉSENT.	PARFAIT ANTÉRIEUR.
Maintenant	*Quand*
Je me brûle,	Je me fus brûlé,
Tu te brûles,	Tu te fus brûlé,
Il se brûle,	Il se fut brûlé,
Nous nous brûlons,	Nous nous fûmes brûlés,
Vous vous brûlez,	Vous vous fûtes brûlés,
Ils se brûlent.	Ils se furent brûlés.

IMPARFAIT.	PLUS-QUE-PARFAIT.
Autrefois	*Avant telle époque*
Je me brûlais,	Je m'étais brûlé,
Tu te brûlais,	Tu t'étais brûlé,
Il se brûlait ;	Il s'était brûlé ;
Nous nous brûlions,	Nous nous étions brûlés,
Vous vous brûliez,	Vous vous étiez brûlés,
Ils se brûlaient.	Ils s'étaient brûlés.

PARFAIT DÉFINI.	FUTUR.
Hier	*Demain*

Je me brûlai,

Tu te brûlas,

Il se brûla;

Nous nous brûlâmes,

Vous vous brûlâtes,

Ils se brûlèrent.

Je me brûlerai,

Tu tu brûleras,

Il se brûlera;

Nous nous brûlerons,

Vous vous brûlerez,

Ils se brûleront.

PARFAIT INDÉFINI	FUTUR PASSÉ.
Ce matin	*Quand telle chose arrivera*

Je me suis brûlé,

Tu t'es brûlé,

Il s'est brûlé;

Nous nous sommes brûlés,

Vous vous êtes brûlés,

Il se sont brûlés.

Je me serai brûlé,

Tu te seras brûlé,

Il se sera brûlé,

Nous nous serons brûlés,

Vous vous serez brûlés,

Ils se seront brûlés.

CONDITIONNEL (*deuxième mode*).

PRÉSENT.	PASSÉ.
Si telle chose existait,	*Si telle chose avait existé hier ou ce matin*

Je me brûlerais,

Tu te brûlerais,

Il se brûlerait;

Nous nous brûlerions,

Vous vous brûleriez,

Ils se brûleraient.

Je me serais brûlé,

Tu te serais brûlé,

Il se serait brûlé;

Nous nous serions brûlés,

Vous vous seriez brûlés,

Ils se seraient brûlés,

IMPÉRATIF (*troisième mode*).

Point de première personne, Brûlons-nous,

Brûle-toi, Brûlez-vous,

Qu'il se brûle; Qu'ils se brûlent.

SUBJONCTIF (*quatrième mode*).

PRÉSENT ET FUTUR.	PARFAIT.
Il faut, il faudra	*Il a fallu, il aura fallu*

Que je me brûle,

Que tu te brûles,

Qu'il se brûle;

Que nous nous brûlions,

Que vous vous brûliez,

Qu'ils se brûlent.

Que je me sois brûlé,

Que tu te sois brûlé;

Qu'il se soit brûlé;

Que nous nous soyons brûlés,

Que vous vous soyez brûlés,

Qu'ils se soient brûlés.

IMPARFAIT.	PLUS-QUE-PARFAIT.

Il fallut; il a fallu , il fallait, *Il avait fallu , il aurait fallut ,*
il faudra   *il eût fallu*

Que je me brûlasse,	Que je me fusse brûlé,
Que tu te brûlasses,	Que tu te fusses brûlé ;
Qu'ils se brûlât,	Qu'il se fût brûlé ;
Que nous nous brûlassions,	Que nous nous fussions brûlés,
Que vous vous brûlassiez,	Que vous vous fussiez brûlés,
Qu'ils se brûlassent.	Qu'ils se fussent brûlés.

INFINITIF (*cinquième mode*).

PRÉSENT.	PARTICIPE PASSÉ.
Se brûler.	S'étant brûlé.
PARFAIT.	PARICIPE FUTUR.
S'être brûlé.	Devant se brûler.
PARTICIPE PRÉSENT.	PARTICIPE PASSÉ PASSIF.
Se brûlant.	Brûlé , brûlée.

Verbe impersonnel Falloir.

INDICATIF.

PRÉSENT.	PARFAIT ANTÉRIEUR.
Il faut.	Il eût fallu.
IMPARFAIT..	PLUS-QUE-PARFAIT.
Il fallait.	Il avait fallu.
PARFAIT DÉFINI.	FUTUR.
Il fallut.	Il faudra.
PARFAIT INDÉFINI.	FUTUR PASSÉ.
Il a fallu.	Il aura fallu.

CONDITIONNEL.

PRÉSENT.	PASSÉ.
Il faudrait.	Il aurait fallu.

SUBJONCTIF.

PRÉSENT ET FUTUR.	PARFAIT.
Qu'il faille.	Qu'il ait fallu.
IMPARFAIT.	PLUS-QUE-PARFAIT.
Qu'il fallût.	Qu'il eût fallu.

INFINITIF.

PRÉSENT.	PARTICIPE PASSÉ.
Falloir.	Ayant fallu.
PARFAIT.	PATICIPE FUTUR.
Avoir fallu.	Devant falloir.
PARTICIPE PRÉSENT.	
Fallant.	

TABLEAU

DES QUATRE CONJUGAISONS.

———

INDICATIF.

PRÉSENT.

Je vais.	Je finis.	Je reçois.	Je prends.

IMPARFAIT.

J'allais.	Je finissais.	Je recevais.	Je prenais.

PARFAIT DÉFINI.

J'allai.	Je finis.	Je reçus.	Je pris.

PARFAIT INDÉFINI.

Je suis allé.	J'ai fini.	J'ai reçu.	J'ai pris.

PARFAIT ANTÉRIEUR.

Je fus allé.	J'eus fini.	J'eus reçu.	J'eus pris.

PLUS-QUE-PARFAIT.

J'étais allé.	J'avais fini.	J'avais reçu.	J'avais pris

FUTUR.

J'irai.	Je finirai.	Je recevrai.	Je prendrai.

FUTUR PASSÉ.

Je serai allé.	J'aurai fini.	J'aurai reçu.	J'aurai pris.

CONDITIONNEL.

PRÉSENT.

J'irais.	Je finirais.	Je recevrais.	Je prendrais.

PASSÉ.

Je serais allé.	J'aurais fini.	J'aurais reçu.	J'aurais pris.

IMPÉRATIF.

Va.	Finis.	Reçois.	Prends.

SUBJONCTIF.

PRÉSENT ET FUTUR.

Que j'aille.	Que je finisse.	Que je reçoive.	Que je prenne.

IMPARFAIT.

Que j'allasse.	Que je finisse.	Que je reçusse.	Que je prisse.

PARFAIT.

Que je sois allé.	Que j'aie fini.	Que j'aie reçu.	Que j'aie pris.

PLUS-QUE PARFAIT.

Q. je fusse allé.	Q. j'eusse fini.	Q. j'eusse reçu.	Q. j'eusse pris.

INFINITIF.

PRÉSENT.

Aller.	Finir.	Recevoir.	Prendre.

PARFAIT.

Être allé.	Avoir fini.	Avoir reçu.	Avoir pris.

PARTICIPE PRÉSENT.

Allant.	Finissant.	Recevant.	Prenant.

PARTICIPE PASSÉ.

Allé.	Fini.	Reçu.	Pris.

PARTICIPE FUTUR.

Devant aller.	Devant finir.	Dev. recevoir.	Dev. prendre.

TABLE ALPHABÉTIQUE.

ORTHOGRAPHE GRAMMATICALE.

ORTHOLOGIE.

FIN.

rois es et les persiennes, hermétique-
nt fermées, ne trahissaient pas les faibles éclats
lumière que jetait une lampe. L'appartement
t à peine éclairé, et n'en était que plus propice
urs amours.....

rrivée dans cet asyle de repos où déja Anatole,
lque temps auparavant, lui avait déclaré son
our, tremblante comme si elle venait de
mettre une grande faute, elle se jeta sur un
apé, et resta un moment abandonnée à de
x pensers.......

lle attendait depuis un quart d'heure,
nd la porte du pavillon s'ouvrit et laissa
Anatole, qui, ravi de joie, se jeta dans
bras de son amie sans pouvoir exprimer
seule parole........... mais en revanche ses
aisers étaient si expressifs, que la pauvre
Emma était anéantie par tant de bonheur.....
Elle, oubliée au monde depuis son veuvage;
elle, si jeune, si jolie, et (je dirai) presque
ge....... car cet amour elle ne l'avait jamais
nu, il n'était réservé qu'à Anatole de lui en
e comprendre toute la douceur.

9 782014 068535